1/Mollys wundersame Reise,
2/Molly verzaubert ihre Welt,
3/Molly, Architektin des Lebens

Anna Camilla Kupka
安娜・卡蜜拉・庫普卡——著
賴雅靜——譯

莫莉的
心靈探索之旅

看見自己內在的寶藏，
世界就此改變了！

目次 CONTENTS

Part 1 莫莉的心靈奇幻旅程——挖掘自己內在的寶藏

Part 2

是什麼把世界變得更美好？——看見他人表面下的眞相

Part 3

做自己生命的建築師

——自我實現的方法

PART 1

莫莉的
心靈奇幻旅程
——挖掘自己內在的寶藏

1

歡迎來到你的身體

屋外下著傾盆大雨，豆大的雨滴劈哩啪啦地敲打著玻璃窗，遠處也傳來轟隆轟隆的雷聲。莫莉喜歡這樣的天氣：屋外颳風下雨，自己則置身溫暖的家中。時光彷彿放慢了腳步，而她能像刺蝟般蜷著身體躺在床上，完全不必感到愧疚。莫莉舒舒服服地躺在被窩裡，她還想再讀幾分鐘的書，**希望閱讀能讓自己忘卻在學校裡再度遭到同學戲弄、嘲笑的煩心事**。至於明天會怎樣，她不願多想——不願多想學校的同學和嚴格的老師們。莫莉經常覺得自己的人生很苦，幸好閱讀能帶領她進入一個稍微美好一點的世界。

莫莉一定是讀著讀著便莫名其妙睡著了，因爲她發現自己**突然置身在一座非常龐大的實驗室裡**，既忙碌又吵雜。莫莉四下張望，忍不住驚訝地闔不攏嘴。

實驗室裡隨處可見各種管線和儀器，所有物體都在流動、搏動、震動、跳動、擺動著；無數粒子在其中飛馳，尚未抵達目的地，就被其他粒子取代，彷彿正在進行一場接力賽。液體呼嘯著流經管線，有的往這裡，有的往那裡，接著便消失不見；有時被吸進某個地方，接著又被吐出來。許多紅、白色微粒互爭輸贏，另一些則不斷分裂又重組，凝結成有如蜂巢般的構造，隨即又分解。這裡的一切都配合得天衣無縫，沒有任何聲響或動作失常。

莫莉看得入迷。這裡實在好熱鬧呀！另一方面，這裡的環境給她一種非常熟悉的感覺，彷彿她一直都在這裡。同樣令她驚訝的是，自己竟然一點也不害怕；畢竟她平常並沒有這麼大膽。就在莫莉試圖掌握她所看到的一切時，空間裡突然響起輕柔的說話聲。

「莫莉，晚安，歡迎你來到這裡。」

莫莉東張西望，卻看不見任何人影。

「這裡是哪裡？」莫莉對著空氣提問。

「你還不明白嗎？」神祕聲音鼓勵她。

「明白？當然不明白。就算在最瘋狂的夢境裡，我也沒見過這樣的地方。」莫莉激動地回應：「我哪知道我現在到底在哪裡？還有，你又是誰？」

莫莉聽到一陣銀鈴般的笑聲：「莫莉，我給你一個提示：**你一直都在這裡**，你無法在別的地方。怎麼樣，現在你明白了嗎？」

「沒有，還是不知道。」莫莉有點惱怒：「請你現在就告訴我——尤其是，你到底是誰？」

神祕聲音終於讓步：「這裡是你的身體呀，莫莉！歡迎來到你的身體、一件眞正的神奇作品裡！至於我是誰，我們晚點再說，我們一個一個來。」

莫莉驚訝得張大了嘴。這裡居然是她的身體？這裡的成千上萬道程序、四處飛馳的粒子、抽汲著液體的袋子、忙碌的活動……這整件工作、這一切都發生在她的身體裡，而且只爲了她——莫莉——而存在？

神祕聲音似乎讀出了她的想法。

「這裡不只有成千上萬，而是有上百萬、上千萬道程序。每一秒鐘都是。**無論你清醒或睡著，無論你舒服或難受，這些勤勞的小助手都只爲你而存在，一天二十四小時不停地爲你工作。只爲你，不爲別人。**」

莫莉不知該如何是好。如果要把眼前見到的景象畫下來，就算給她全世界的畫筆和紙也不夠。眞是和諧無比！她曾和爸媽聆賞過幾次交響樂團的演出，她很喜歡不同音樂家們的合奏，但她怎麼也沒想到，**自己的身體裡居然存在著一個大到比交響樂團更不可思議，且萬分神奇、永不止歇、只爲她演奏的樂團**。這時，她注意到一個像水泵般不停抽汲液體的器官，這個器官顯然是這裡的總指揮，是這裡的控制臺。它以穩定的頻率將紅色液體輸入到由小管線組成、看似無窮無盡的網絡裡，以維持整個系統的生命。

「這是不是……」莫莉問。

「你想到了嗎？」神祕聲音反問。

沒錯，這次莫莉想到了，這個器官一定是她的心臟。她仔細觀察**心臟的跳動，勤奮不懈，日復一日，不眠不休，而且只爲她一個人服務**。莫莉覺得自己彷彿置身在夢幻童話裡，並在一瞬間變得既重要又偉大，像個女王一樣，而這裡正是屬於她的國度！但就在幾分鐘之前，她對這一點還完全不知情！莫莉當然知道自己擁有一具軀體，可是她**從來不曾這麼眞切地體認到這個事實**。

她突然開始覺得恐懼：難道自己死了？她是否已經死去，而這是她在離開人世前最後一次探視肉身的機會？她才剛開始**珍視自己的身體，並以身體爲榮**，這時候就得向它道別也未免太悲慘了。莫莉悲傷起來，她還不想死呢。

實驗室裡響起一陣和善的笑聲。「不是這樣的。莫莉，別擔心，你還能活很久，這只是你**對身體的一趟巡訪**。你能過來探視它們，讓**所有的器官、血管和細胞**都感到萬分榮耀和感激，它們覺得自己受到你的重視，因此更樂意爲你服務。你的探訪帶給它們莫大的鼓勵；你來這裡作客，讓它們非常開心。」

莫莉有點難爲情。她並不是主動來到這裡的，而且自己不過才十二歲，擁有這麼多僕人是不是太過分了？父母從小就教導她「知足常樂」的道理，結果現在**自己卻坐擁一整個王國**？她還需要一點時間才能適應這種想法，但可以確定的是，**從此以後她再也不會感到那麼孤單了**，因爲這個令人讚嘆的身體世界隨時陪伴著她，而且只爲她一人存在。說不定她不只是個小女孩，而是一位非常重要的大人物呢……

但這個想法令她非常困惑。莫莉喜歡自己的思緒條理分明，而現在她不了解的是：如果她在自己的身體裡，那麼她就不可能是自己的身體——如果我們身在某個物體之中，我們就不可能同時也是這個物體；好比如果我們在某一輛公車上，我們就不可能是這輛公車。這麼說很有道理吧？那麼，**在身體裡的到底是誰？而她又是誰？**

「這個問題問得好。」神祕聲音似乎懂得讀心術，它適時伸出援手：「這是人類探究已久，同時也是唯一重要的問題。我們來到這裡，就是爲了尋求解答。」

莫莉十分激動。在此之前，她從來沒思考過這種問題；現在既然問題已經浮現，她也等不及要盡快找到答案了。

神祕聲音又一次讀懂她的心思。它告訴莫莉：「這段旅程才剛開始，請你務必帶著耐心。」懷著好奇和期待的喜悅，莫莉在神祕聲音的引領下，前往下一個空間。

2

情緒是你的朋友，絕不危險

在上一個空間裡，儘管一切都非常忙碌，但井然有序，條理分明。相形之下，這裡完全是另一番景象：展開在莫莉眼前的，是一片遼闊、秀麗的風景；大地上滿是色彩繽紛的生命，色澤豐富而飽滿。鮮嫩欲滴的青草地上，幾條閃爍著金光的小河交錯流過；草莖在風中款擺，花朵綻放出各種嬌豔的色彩，一切都顯得安詳無比。空中傳來慵懶的昆蟲振翅聲，只有鳥兒清亮的啼唱偶爾劃破這片寧靜。這些色彩，這種安樂和輕快，是莫莉目前為止所見過最美的景色，一種回到故鄉的歸屬感油然而生。

當莫莉靠得更近、看得更仔細時，她的喜悅也變得更多。她終於**發現這片大地是如何形成，又如何不斷幻變的**：這裡的河流是仙女以她們的金髮所織成；蝴蝶的翅膀上下拍動，讓空氣翩然起舞；花園則是由身穿彩衣的小矮人所種植，裡頭充滿種類繁多、色彩繽紛的各式植物。

莫莉恨不得立刻跑過去和他們玩，可惜她的膽子還不夠大。就在此時，這些精靈一個接著一個看向她，所有人的視線都集中在她身上，並露出似乎十分高興見到莫莉的樣子。小矮人們一邊開心地蹦蹦跳跳，一邊朝莫莉揮舞五顏六色的帽子；仙女也優雅地在胸前合掌，並向她鞠躬；彩蝶則在她周圍飛舞，還爲她吟唱了一首歌曲。莫莉以和煦的笑容回報他們，同時也有一點難爲情。

莫莉本來不想對神祕聲音提出自己的疑問，她怕這樣會顯得自己很沒知識。可是她以前在現實生活中從沒見過小矮人或仙女，而神祕聲音顯然不打算主動向她說明，因此莫莉最後還是開口探問：「他們是誰？這些精靈在這裡做什麼？還有，拜託你別再要我猜，因爲我完全沒概念。」

神祕聲音笑著告訴莫莉：「他們都是你的朋友，而且總是陪伴著你。**你現在看到的，是自己的情緒。**」

莫莉一臉迷惘。她完全聽不懂。

神祕聲音進一步解釋：「這些**蝴蝶是你的玩心與創意，小矮人是你的喜悅和生氣蓬勃，仙女則是你的優雅和善良。**」

這下莫莉更困惑了。她曾想像各種情緒的模樣，但絕對不是這個樣子。這時，神祕聲音打斷她的思緒，說：「你在生命中所踏出的每一步，都有這些五彩精靈陪伴在旁。有時這個有話要說，有時那個有話要說，一個比一個更急切，但他們一直都在。」

莫莉忍不住笑了出來。沒錯，當情緒有話要說時，確實會迫切想爭取她的注意；要應付這種情況，有時候還挺辛苦的。莫莉通常會想辦法忘掉情緒，因爲她有更重要的事要做，比如和朋友見面，或是聽音樂之類的。可是看到自己的情緒那麼開心又多采多姿的樣子，她決定以後要多多關心它們。在這短短幾分鐘裡，自己有了好多新發現呀！她不僅**是身體這座巨大實驗室**的女王，甚至還統治著這片擁有**許多有趣居民的美麗土地**。

慢慢的，莫莉不再感到羞怯，甚至忘情地對著仙女、小矮人和蝴蝶揮手。

莫莉一邊欣賞眼前的景緻，一邊繼續往前走。突然間，映入眼簾的景象令她背脊發涼：一座陰森、稜角分明的巨大岩山矗立著，散發出危險的氣息，彷彿拒絕所有的生命靠近。岩山周圍有一條看起來黏黏滑滑、令人作嘔的河川蜿蜒流動著，蹲坐在河畔的褐蛙發出刺耳的呱呱聲。散發著腐臭味的氣泡向上升起，使得濃稠黏滑的河水也跟著咕嚕作響，簡直就像活物般令人備感恐懼。

這條河流看起來就像是想吞噬所有生命似的，外圍還被一條貌似堅不可摧的笨重鐵鏈圈了起來，散發出難以征服的氣勢。雖然不知道原因，但這幅懾人的景象令莫莉難受極了。只不過，神祕聲音就在身邊，莫莉可不想像個膽小鬼般傻傻站著，於是她努力壓抑心中的恐懼，並試著再次將目光投向剛剛經過的美麗大地，企圖轉移自己的注意力。只是深刻的恐懼不但使她見不到美景，視線反而更緊盯著黏稠的河水和被鐵鏈環繞的灰色岩山不放。

莫莉再也抵擋不了內心的恐懼，放聲大哭：「你說這些小矮人、仙女和蝴蝶都是我的情緒？那這條黏糊糊的河流呢？它到底是什麼？恐怖的岩山、可怕又冰冷的鎖鏈又是什麼？它們該不會也是我的情緒吧？」莫莉痛哭著。

神祕聲音溫柔地撫摸莫莉的手臂，彷彿一條溫暖的毛毯包裹著她。那神祕的聲音讓莫莉盡情哭泣，直到她稍微止住淚水後，才溫柔但堅定地說：「親愛的莫莉，別擔心，**事情不像表面那麼糟糕**。你不會有事的。我們走過去，我想給你看一些重要的東西。」

莫莉心情尚未平復，就發現自己正緩緩接近那座巨大的岩山。有神祕聲音作伴雖然令人稍感安心，但莫莉仍覺得毛骨悚然。儘管她全身都在抗拒，不願往前走，神祕的聲音依然堅定不移，並鼓勵她：「莫莉，來，相信我，你不會後悔的。」最後，雖然滿懷猶豫，莫莉還是提起腳步，往前走。

來到岩山附近時，莫莉驚訝地發現，岩山周圍的環境並不如想像中那麼死氣沉沉，反而非常熱鬧。有一群佝僂著身軀、面容哀戚又骯髒的身影，他們肩上扛著莫莉剛剛看到的鐵鏈，將河流一圈又一圈地圍起來，層層加固岩山與外界的阻隔。這些生靈看來非常不快樂，但莫莉並未見到任何人逼迫他們做這種奇怪的事，完全沒有；不見守衛高聲下令或揮動鞭子，而且他們似乎是自願做這些事。莫莉對這些精疲力盡的生靈寄予無限同情，恨不得幫他們除去身上沉重的負荷。

這時，這些生靈突然停下腳步，轉身看向莫莉所在的位置，同時放下鐵鏈。神奇的是，鐵鏈一旦放下，立刻變得越來越細。他們坐下來，擦拭額頭上的汗水，在和煦的陽光下休息，同時注視著莫莉。

當陽光灑落在這些生靈的臉龐時，附著在他們身上的汙垢立刻融化，就像高溫下的巧克力般向下流淌。當他們舒展四肢時，樹皮般的硬殼便片片剝落。漸漸的，他們的身軀不再僵硬，反而幻化成美好、強壯又輕盈的模樣。現在，他們挺直了腰桿，渾身充滿活力。

莫莉滿懷敬畏地看著他們，深深被這種純粹的能量所震撼。她不懂，爲什麼一切突然變得截然不同？原本醜陋的生靈爲何蛻變成如此美麗、莊嚴的樣子？這時，她也注意到其他生物：首先是一群五顏六色的火龍，牠們的體型越來越大，色彩也越來越繽紛，口中噴出斑爛的五彩煙火，彷彿擁有無限的能量。另一群生物則與噴火龍正好相反，但同樣令人印象深刻：沉默的他們是淺灰色的，有著妖精的外形，還擁有美麗精緻的輪廓。和噴火龍一樣的部分，則是他們也散發出溫柔的能量與活力，只是這分能量含蓄而內斂。

在這股純淨的生命力面前，莫莉覺得自己既渺小又卑微，因此當這群妖精突然朝她微笑、鞠躬時，她有種受寵若驚的感覺。她不知道自己該說什麼才好，只能有些羞赧地望著地面。這時她的視線落在鐵鏈上，這才發現，鐵鏈已經變成一條閃閃發亮的細緻銀鏈。妖精們將銀鏈當成美麗的飾品，掛在脖子和手腕上，更襯托出他們關節的纖細。站在這些秀麗的生命旁邊，莫莉更覺得自己如此平凡不起眼，只好尷尬地將目光投向黏糊糊的河水。

原來的鐵鏈一消失，橫亙在莫莉與河流之間的阻隔也就跟著不見了。莫莉突然不再畏懼，她毅然決然地走到河邊，凝視著河水，這才發現河畔的褐蛙不斷吐出黏液，但同時又掙扎著不讓自己被黏液淹沒。莫莉感受到一股絕望。這是多可悲又毫無意義的行為呀！她無奈地搖搖頭：這到底是怎麼回事？這時，她的心房為這群褐蛙敞開，她多想將牠們抱在懷裡，讓牠們擺脫痛苦。

就在這一刻，河裡的黏液開始消失，蛙群放鬆下來，終於能好好喘口氣了。牠們全都轉向莫莉，微笑著朝她深深一鞠躬。面對蛙群時，莫莉不像面對妖精和噴火龍時那麼害羞，而能好好向褐蛙鞠躬回禮——看來鞠躬致敬是這裡常見的禮儀。莫莉著迷地看著發生在眼前的一切：陽光爲褐蛙帶來暖意，牠們身上的黏液逐漸剝落，露出底下美麗而斑斕的色澤。褐蛙開心地高高跳躍著，還不斷在空中轉圈圈，同時扯開嗓門呱呱叫。現在莫莉不再覺得牠們的叫聲刺耳，反倒認爲蛙聲中洋溢著生命的歡愉與多采多姿。這時，所有的黏液幾乎完全消失不見，河水也變得越來越清澈。最後，莫莉眼中所見的河流澄淨無比，簡直就像擦得晶亮的鏡面般。

3

容許情緒展現，幫助你表達

莫莉幾乎無法移開視線，這些美妙無比的蛻變令她心醉神馳，但一股不安仍一點一點地浮上心頭：還有一樣東西是她尚未好好面對的：那座山！雖然岩山周圍的風景已經變得五彩繽紛，沐浴在噴火龍所射出的各色火焰裡，但它依然陡峭又冰冷地矗立著。只是它彷彿擁有一股魔力，在岩山的吸引下，莫莉鼓起勇氣，朝著它緩步前進。幾分鐘前的莫莉怎麼也想不到，自己竟然會自願走向那座山！

靠近山頂時，她並沒有見到任何生物，只聽到從岩山內部傳來的聲響——裡頭似乎像火山一樣是空的。莫莉遲疑地停下腳步。

「來，」神祕聲音對她說：「我們看看裡面的情況吧。」

莫莉很慶幸神祕聲音一直陪在身邊，因爲她還沒有足夠的勇氣。莫莉和神祕聲音一起爬到山頂後，發現岩山似乎不如自己原先預料的那麼高聳。接著，莫莉鼓起所有的勇氣，注視下方的岩山內部，眼前的景象幾乎令她心碎：一個瘦小的身影正忙著挖出地上的石頭，再將它們堆疊在身邊。石頭越堆越高，空間越來越小，直到自己被石塊團團圍住，與外界阻隔。這種可怕的行爲實在令人痛心，莫莉感到全身發冷。

她問神祕的聲音：「這個無辜的生靈怎麼了？他爲什麼要這樣懲罰自己？」

這時，那個身影正好抬起頭來，陽光灑落到他睜大著雙眼的小小臉龐上。出於本能，莫莉將手伸進洞裡，把他拉出來。石山應聲塌陷，隨即消失在地面上。接著，莫莉周圍的地面開始綻放出花朵，小小人卻嚇得在莫莉的掌心縮成一團，渾身顫抖，也不敢直視陽光，只想盡量把身軀縮得更小。莫莉先是溫柔地讓這個小小人貼近自己，給他溫暖和安慰，接著再將他舉高，在他的額頭上輕輕一吻。小小人緩緩抬起頭，凝視著莫莉的雙眼，莫莉覺得兩人之間似乎存在某種深刻的連結，彷彿他們已經相識許久。

「你是誰？」莫莉低聲問。小小人雖然稍微恢復了平靜，卻依然像風中的楊柳般不住顫抖，只是無言地望著莫莉。

「這個小小人**代表你的恐懼**。」神祕聲音回答。

莫莉很訝異：「我的恐懼？」她哽咽著問道：「爲什麼他要在自己周圍堆出這座山？這種行爲完全沒有意義，只會讓他更難受！」說著，淚水再度沿著臉頰滑落。

「你知道嗎？**人們大多不願正視自己的恐懼，反而試著壓制它，恐懼只好躲藏起來，並在周圍築起越來越高的山**。恐懼本身並不可怕，你也不需要畏懼它，你比它大多了。」沒錯，莫莉的確比自己的恐懼大得多，相較之下，我們根本不必躲藏起來。恐懼在莫莉的掌心裡顯得渺小又無助，莫莉對他寄予深刻的同情。

莫莉指著褐蛙：「那牠們又是什麼？」接著，她又指向噴火龍和妖精：「還有這個跟那個，又是什麼？」

「來，我們過去看看，」神祕聲音說。

莫莉一邊小心翼翼地守護著掌心裡的小小人，一邊跟著神祕聲音，緩緩走向脫離鐵鏈、正一起沐浴在陽光下的精靈們。莫莉小心地將恐懼放在地上，恐懼立刻加入其他人的行列，而精靈們也將他團團圍住，一副要保護他的樣子。很顯然的，恐懼在這裡感到既舒適又安心，他的神經不再緊繃，也不再緊張地顫抖不停，反而散發出平靜、安詳的氣息，還能大口大口深呼吸。莫莉對他懷著深摯的愛，對於自己能幫上他的忙感到放心不少。莫莉**感覺自己內心的空間正在逐漸擴大**。

莫莉還沒開口，神祕聲音便再次解開她的疑惑：「你想知道這些褐蛙是什麼對吧？褐蛙**代表你的羞愧——尷尬時浮現在心頭的羞恥感**。」莫莉馬上想起，有一次自己在學校上完廁所後回到教室，發現裙角卡在內褲裡，惹來同學一陣哄堂大笑，令她難以承受。每次想起這件事，她就會臉紅，恨不得馬上就把這件糗事忘掉，並把羞愧的感覺藏起來。但她突然想到：當**自己對這裡的生靈付出關愛與同理時，他們便能獲得救**

瀆。這是否就是神祕聲音想讓她了解的？她刻意再次回想學校裡的尷尬時刻，隨即便覺得羞愧萬分；但她同時也發現，這回自己已不再那麼介意，也能平靜接納這種感受了，因爲這本來就是一種正常的情緒。如同其他生靈，羞愧感同樣屬於這片繽紛大地。莫莉有種獲得解脫的感覺。

莫莉不禁感到好奇，她想知道：噴火龍和高貴的仙女究竟是什麼？難道噴火龍是她的憤怒嗎？爲了測試這個想法，她要自己去想弟弟，以及他有多常招惹自己。果不其然，噴火龍馬上噴出更強烈的火焰。

容許憤怒爆發並感受它的熱氣實在太好玩了，莫莉打算繼續和憤怒玩耍。她發現，**憤怒能幫助她表達自我，釋放一些眞正的壓力，令人感到自由自在又充滿力量**。莫莉現在覺得自己精力充沛，簡直就像坐在噴火龍的背上飛越大地似的。

接著，她再次自問：那麼這些如此美麗、令人自慚形穢的高貴仙女又是什麼？她察覺到這些仙女能深深觸動她的心，可是不管她怎麼想，都想不出她們究竟是誰。

神祕聲音再次幫忙：「這些美好的生靈也是你的一部分——他們是**你的哀傷**。」莫莉眼前馬上浮現逝去祖母的身影，胸口也隨即感到刺痛。她非常熟悉哀傷的感覺，但她從不認爲這種情緒美麗，而是正好相反。這一次，淚水同樣在她眼眶裡打轉。

「莫莉，想哭就哭吧，」神祕聲音安慰她：「**請敬重你的哀傷**，它們來自你對祖母的愛。**哀傷擁有無比的優雅，它們希望自己深沉而溫柔的美麗能獲得欣賞。當你正視自己的情感，了解它們的價值、美麗與脆弱，並以愛接納它們時，它們就會變成極度美好的東西**。但如果你壓抑它們，它們就會自我否定。接著，每天清晨上學之前，你就會感覺**那些沒好好宣泄的恐懼在胃裡堆積成山**。

「**憤怒也一樣，當它被壓抑、沒有獲得紓解時，就會鎖鏈般纏繞住你的脖子，讓你無法呼吸。悲傷的淚水想流出來，但人們總習慣壓抑**

它。由於哀傷常常伴隨著因失去而產生的憤怒，於是人們便將它們一併錘進鎖鏈裡，好避免自己失控。但是你看，一旦你接納情感的本來面目，就會幻化出新的生命——『愛』改變了這一切。」

仔細思考後，莫莉開口：「是啊，這樣確實變得比較輕鬆。可是我現在應該是在做夢才對，不然我怎麼能看到自己的情緒呢？尤其是這些常常讓我受傷的部分。還有，現在雖然有你陪著我，但平時我總是孤單一人。沒有你，我辦不到。」

「莫莉，只要你願意花時間在心中漫遊，你就能見到自己的喜怒哀樂。請你閉上眼，感受一下自己的內心。情緒不會招來痛苦，壓抑它們才會。情緒可能很強烈、很巨大、很濃郁，但精采的生命就是這樣，這一切都屬於我們的人生。**情緒永遠不會傷害你，壓抑生命才會帶來痛苦。情緒是能量，是渴望跳舞、玩耍的能量，但絕對不危險。**」

莫莉點點頭。她開始了解到，歡笑與哭泣，悲傷和喜悅，這些全都是情緒風景的一部分。莫莉突然覺得一切都比她原本所想的更容易，也許從這一刻起，她可以設法多多關心自己的情緒——至少試著去留意它們。

「接下來我們要往高一點的地方去。你不需要和新朋友道別，因爲他們會隨時陪伴在你身邊。現在讓我介紹其他的新朋友給你認識。」

4

意念有如百寶盒，你想召喚什麼就召喚什麼

話才說完，莫莉便發現自己置身在一個遼闊無邊的地方——她**想像中的宇宙**就是這個模樣：眼前所見盡是無比的湛藍，又如水晶般晶瑩剔透。在這片最美、最璀璨的色彩中，閃電如煙火般劃過天空，綻放出各種形狀，最後逐漸消逝。就像她曾和爸媽觀賞過的煙火秀，當時她始終凝望著天空，捨不得移開目光。

這時，一道道閃電迸發出令人難以想像的力量與明亮，能量大到連空氣為之震動。莫莉看得很興奮，最後她問神祕聲音：「這些究竟是什麼？」

「這些是**你的**意念！」

「我的意念？」莫莉重複說著。看來現在已經沒有什麼能令她吃驚的了：「怎麼說？」

「我們先來做個小小的實驗。」神祕聲音給了個提示。「先在腦中想想你喜歡做的事。」莫莉喜歡唱歌，當她想像自己正在歌唱時，煙火立刻在那瞬間變得更盛大、絢麗和璀璨。「現在，想像你是一位名歌手，正在舞臺上帶給聽眾喜悅。」

當莫莉在腦中清楚看見這個畫面的同時，煙花也迸發出前所未有的華麗色彩。哇！**這些眞的都是自己創造出來的嗎**？莫莉臉龐發亮，笑得闔不攏嘴。她試了一遍又一遍，盡情想像各種最瘋狂的事，這實在太好玩了！

莫莉的**想像力無邊無際**，令人嘆爲觀止的意念源源不絕地出現，煙火也將整片天空照亮得耀眼無比。**意念有如一個永不枯竭的寶盒，她想召喚什麼就召喚什麼**。莫莉開心得不停蹦跳，神祕聲音也笑著鼓勵她，創造專屬於她自己的繽紛國度；只要她想要，沒有什麼不可以的。

「哇，太棒了！」莫莉高聲歡呼。這麼好玩，實在太難得了！但她隨即發現天空有一部分出現幾片烏雲，遮擋了色彩繽紛的煙火。莫莉好奇地問：「這些烏雲是從哪裡來的？」

「這些烏雲來自於你的負面想法。」

「什麼樣的負面想法？」莫莉問。

「就是那些對你造成負面影響的想法。」

「為什麼會這樣呢？」

「想想看，哪種想法會讓你不開心？你想得出來嗎？」

莫莉想了又想，最後想起一件事：「爸爸常說『天底下沒有白吃的午餐』，但我不太喜歡這句話。」

「那麼，他的說法對嗎？」

莫莉想了想：「嗯，有點道理。」但她隨即猶豫了一下，接著又說：「不過，現在我沒那麼肯定了。因為我突然發現在自己身體裡有一間很厲害的實驗室，又在自己的情緒裡找到了新的喜悅，現在甚至知道我能用自己的意念綻放煙火，但實際上我什麼都沒做。我應該可以把它當成一份禮物來看待吧？」

神祕聲音輕輕地笑了笑（莫莉發現，原來聲音也會微笑）。「你明白了。」

但神祕聲音還來不及往下說，莫莉就激動地搶先回答：「**我發現，我可以得到的，甚至比眞實生活中還要多得多**；我只要在腦子裡想像，它們就會成眞。比如說，如果想去很遠的地方，得先有人製造飛機；但製造飛機要花很多錢，而且必須飛很久才行。可是如果運用想像力，我就能在短短幾秒鐘前往非洲某個地方的沙漠，再從那裡到澳洲的雨林。只要我想，接下來我還可以登上月球！我只需要在腦海中想像，然後『咻』的一聲就到了。

「只要我想，我可以見到老虎和獅子就在眼前，還可以在腦中幫牠們塗上各種顏色；要牠們溫馴就溫馴，凶猛就凶猛。你知道嗎，在**我的身體裡有一整個宇宙，只需要想像，它們就會出現**，非常簡單！這就是一種恩賜，一種禮物！」莫莉十分激動，連聲音都沙啞了。

「完全正確。**你的內在生命無限豐饒，而且每一天你都能享受這種豐富，隨心所欲地運用自己的意念進行許多實驗。經常檢視自己的意念是否能帶來愉快的感受，它們才會五彩繽紛又活力滿滿。這是一場永遠玩不完的遊戲，你可以透過創造力的運用享受許多樂趣。**目前為止，所有人類創造出來的東西，都是出自他們的想像力。來，現在我要帶你前往你所去過最美妙的地方。」

5

不知道下一步該怎麼辦時，你可以這麼問

神祕聲音才剛說完，他們眼前立刻出現一扇高達天際、精緻又華美的金色大門。

莫莉突然感覺到自己的渺小，這宏偉華麗的景象令她卻步。

「別怕，放心地走進去吧，這正是我們來這裡的目的呀！」神祕聲音鼓勵她，同時輕輕將她往前推。

「你呢？」莫莉有點恐慌：「你不一起來嗎？」

神祕聲音答：「你一個人辦得到的，我在這裡等你。」

莫莉做了個深呼吸，接著眼睛一閉，鼓起勇氣穿過大門。

一踏進裡面，莫莉便覺得自己被一股舒適的暖意包圍，彷彿有千萬隻慈愛的手臂將她摟住，所有形狀和顏色都消融了。莫莉生平第一次感受到這種諧和爲一的感覺，無限的寧適與安心感從四面八方環繞著她，流遍她全身；一切都恰到好處，一切都完美無比。這裡明亮又純淨，彷彿被全世界最純淨、最柔軟的光照耀著；既沒有任何色彩，又蘊含著所有色彩。另外，這裡一片靜謐——一種無懈可擊的靜謐，它既捕捉了世界上所有的樂音，又是所有聲音的起源。莫莉能感受到自己是這裡的一部分。她屬於這裡。

這片靜謐開始對她說話，但不同於神祕聲音，莫莉並非用耳朵聆聽，而是話語直接在她內心深處浮現，宛如一首輕柔的歌曲，撥動她生命中的每一根心弦。

「莫莉，歡迎你來到這裡。」

「謝謝。」莫莉低聲詢問：「這裡是哪裡？」

「你正在自己內心的最深處，這裡是你的本性。之前你遊歷過自己的身體，接受過種種情緒表現的挑戰，還認識了你的意念宇宙。現在你來到最內在的本質，來到『愛』的裡面。」

「在愛的裡面？」莫莉驚訝地重複了一遍。

「沒錯，在愛的裡面。」

莫莉猶豫了一會兒，接著又問：

「那麼你是誰？」

「**我是你內心的聲音。你的心是愛的代言人。**」

「那麼，愛又是什麼？」莫莉問。

「愛是萬物的起源。」靜謐低聲回答。

「萬物的起源？」

「沒錯。」

莫莉思考了一下。

「萬物的起源是什麼意思？」

「**萬物都源自於愛，並會返回愛裡，**而愛是永恆的。因此**你的身體是愛的作品，它源自於愛，將會返回愛裡。你的意念也一樣。你就在你內心最深處，你就是愛，而愛是永遠不會終結的！**」

莫莉需要一點時間來消化這段話的含義。

接著她問：「愛也是惡的起源嗎？」

「惡也源自於愛，惡是愛所生的孩子，只是惡暫時對愛關起心房，所以聽不到我的聲音，但愛其實也深愛著這個孩子。」

「可是愛如果也愛著惡，地球不是該變得不同嗎？」

「是啊。現在有越來越多人爲心的聲音敞開胸懷，他們因此和你現在一樣，了解**愛就是自己的本性。人們一旦發現自己內心最深處是永無止境的愛，就不再想做壞事了。**」

「爲什麼不想？」

「因爲當一個人了解，萬事萬物都來自相同的來源，而他自己的本性是堅不可摧的，他與自我及世界和諧共生，那麼，就沒有什麼需要戰鬥，也沒有什麼需要防衛的了。」

這番話對莫莉產生了直接的影響，她的內在終於開啓，並整個敞開來。她允許內心的聲音使用更多空間，直到將她完全填滿。平靜從她內心向外擴散，而莫莉也發現自己體內正經歷某種深刻的蛻變。她不禁嘆出長長的一口氣，臉上也露出輕鬆的笑容。這種經驗眞是美妙！

「那麼，之前陪伴我的聲音是誰？」莫莉輕聲問：「那也是你嗎？」

「神祕聲音同樣屬於值得信賴的『愛』之使者；它是某位天使，也就是你的守護天使的聲音。親愛的莫莉，它隨時守護著你，用它的羽翼遮護著你。」

接著，莫莉再度陷入沉睡當中，她的守護天使將她抱回床上。只是這一次醒來之後，一切都將不同於以往，現在的她知道要**重視自己的身體**，而她也學會**接納自己的情緒**，並用意念進行各式各樣的實驗。當她**不知道下一步該怎麼走時**，她會直接**問自己：「『愛』會怎麼做？」**她的心自然就知道答案了。

PART 2

是什麼把世界變得更美好？

——看見他人表面下的眞相

6

冷漠的外表下，是一顆充滿恐懼的心

莫莉騎著自行車，在彎彎曲曲的小徑上愜意地前進，任憑髮絲在風中飛揚，享受微風吹拂在肌膚上的感覺，而陽光彷彿在爲她搔癢。莫莉不禁想起幾個星期前，她在機緣巧合下，有機會了解自我豐饒又絢麗的內在世界；那個世界就如同這個美好的夏日般多采多姿。最重要的是，現在她終於領悟，**純淨的愛就蘊含在自己內心最深處**。自從體會這一點之後，她便如獲新生，開始以全新的視角看待自己和這個世界。

最令莫莉驚訝的，莫過於她生活上的一切也隨之發生極大轉變：不久前滋生的自信彷彿就寫在她的額頭上，別人一眼就看得到，因爲後來大家對她一改以往的態度，變得友善多了；從前經常嘲笑她的女生變得比較收斂，而弟弟也不再老是煩她了。

不只這樣，她在學校的表現也變好了，因爲她現在對許多事看得比較開，而能妥善處理，不再被它們打敗。她也懂得好好規畫，將事情一件一件解決，結果反而做得更好；就連之前她認爲自己無力完成的任務，現在也辦得到了。她知道，**事情往往沒有我們所想的那麼糟**。

很明顯的，她懂的事比以前更多；其他人儘管不知道箇中原因，卻不約而同地發現了這一點。比如說，最近媽媽經常訝異地望著莫莉，惹得她直想發笑。在探訪過自己的內心世界後，莫莉覺得自己彷彿是名睿智的老婦人，簡直都能教導媽媽處事為人的道理呢。不過莫莉並沒有這麼做；就算她真的做了，媽媽也可能完全聽不懂。

莫莉沉浸在自己的思緒中，最後來到她心愛的地點：一條寧靜、緩緩流淌的溪流。小河流經野花遍開的青草地，在這裡，她可以自由自在地親近大自然，沒有任何人會打擾她。蜜蜂在她身畔嗡嗡飛舞，從四面八方傳來蟬鳴和昆蟲的低吟。置身其中，夏日不僅觸摸得到，看得到，也聽得到。周圍沉浸在一片令人陶醉的靜謐中，安詳又美好。莫莉把腳踏車停好後，捲起褲管，將兩腳浸泡在沁涼的溪水中；接著，又仰躺在草地上，欣賞掠過空中的雲朵。

她的思緒飄飛，飄向卡特琳。卡特琳是莫莉的同班同學，她動不動就招惹莫莉，要讓她不好過。但最近情況好轉——至少卡特琳不再欺負她了；只是莫莉不懂，卡特琳爲何依舊對自己冷漠又不理不睬。莫莉覺得她們應該可以處得不錯，但卡特琳不讓她親近，莫莉的自尊心也不容許自己主動討好她。

從前卡特琳的許多行爲常對莫莉造成傷害，她有時甚至因此害怕上學。自從莫莉經歷過自己的本性之旅後，開始以全新的目光看待事物；但她依然渴望了解卡特琳的內心，想知道對方的想法和感受。卡特琳此刻的想法，是否也和自己探索內心世界前相似呢？當時的莫莉經常感到迷惘，認爲許多事都毫無意義。卡特琳是否也和過去的自己有類似的想法，所以才那麼冷漠又憤懣呢？

莫莉覺得這個問題相當值得探究，但她並沒有找到答案；畢竟她看不到別人的內心。眞可惜，如果能知道別人內心的想法，應該會很有趣才是。沒想到這個念頭才剛浮現，莫莉就聽到自己內心傳來震耳欲聾的雜音。

莫莉嚇了一跳。這是怎麼回事？她聽到一名男子咆哮和下指令的聲音。有些零星的語句傳進她耳裡：

「去做啊！」「你什麼時候才……？」「我已經跟你講過幾千幾百遍了！」「你得……」「你怎麼這麼笨……」

莫莉察覺到一股恐懼正在她全身蔓延，那些字眼就像鞭子般責打著自己。莫莉嚇了一跳，心想：「這可怕的叫罵聲是什麼？這個男人爲什麼要對我大吼大叫的？我到底做錯了什麼？」她開始覺得惶惑不安，周圍的美景和她心中的叫囂完全不搭。

接下來，莫莉不斷聽到「卡特琳」三個字，令她大感意外。「這個大聲咆哮的男人爲什麼叫我卡特琳？根本不對啊！」莫莉困惑地想著，但她隨即意會過來：那個男人不是在講她，而是卡特琳，就是自己剛才想到的卡特琳。

在自己的內心世界……莫莉皺起眉，開始無法確定這是否眞是自己的內心世界。她明明見過自己的內心生活，可是那裡的情形和她剛才所感受到的截然不同，不知道哪裡不對勁。

漸漸的，她開始覺得這個身體不是自己的……**現在她能感受到卡特琳的感受！**剛剛她不是才想著，希望能進入他人的內心世界嗎？才一起心動念，願望就實現了！莫莉心想：「現在可好了。我許願時應該小心一點。」一切都是因爲她眞的想切實體會卡特琳的感受嗎？

這種事太可怕了。莫莉不想在這裡停留太久：如果自己能如願走進他人的內心世界，應該也能走出去吧？但反過來想：「既然都來到了這裡，不如就……」按捺不住好奇心的莫莉最後決定在這裡待久一點；雖然這些雜音令她不安，她還是想繼續聽一聽。

聽了一段時間後，莫莉終於搞清楚，那個罵個不停的男人原來是卡特琳的爸爸。雖然莫莉萬分好奇，但這種咆哮還是令她難以忍受。莫莉不停往卡特琳的身體深處鑽，想要逃離這種凶巴巴的吼叫。總該有個什麼地方能避難吧？但責罵聲似乎來自四面八方，讓人無處可逃。

上一次莫莉進入自己的身體參觀，這一次則是進入卡特琳的身體。莫莉的身體有如一座組織完美無瑕的實驗室，像一個彼此配合無間的樂團，運作得非常和諧。但卡特琳體內卻雜亂無章，彷彿所有的樂器全都失控似的胡亂演奏一通，再加上卡特琳爸爸的怒吼。在這裡，一切都喧鬧又不和諧。

莫莉摀住耳朵，可惜毫無效果。這麼做只能阻擋外界的聲音，卻無法改變內在，偏偏自己又找不到方法逃離這具軀體。

幸好，莫莉想起守護天使會一直陪伴著自己，於是她絕望地大聲發問：「這是怎麼回事？這裡怎麼這麼亂？卡特琳怎麼受得了這種生活？這幾乎讓人無法忍受！」

7

我該怎麼幫助承受巨大壓力的同學？

「親愛的莫莉，我了解。」守護天使馬上回應。雖然他只是輕聲細語，咆哮聲卻無法與這種柔和但具有穿透力的聲音抗衡。「正如你所聽到的，卡特琳從小就和脾氣暴躁的爸爸一起生活，而爸爸對她的要求非常嚴格。**卡特琳所聽到、感受到的，全都是爸爸所說的話和他的期望；即使爸爸不在場，他的聲音和要求依然在卡特琳心中迴響，這讓她幾乎無法關注其他事情，也讓她總是活在巨大的壓力下。**」

「太可怕了！該怎麼辦才好？」莫莉驚恐地求教。

「我想，你應該知道怎麼做。」守護天使溫柔地說：「幾個星期前的你也過得不太好，後來是什麼幫助了你呢？」

莫莉想了想：「我領悟到『愛』蘊藏在我內心深處，這是一種非常美好的體驗。」雖然咆哮聲四起，莫莉還是不禁露出微笑。

守護天使似乎也笑了。他問：「你想爲卡特琳許什麼願呢？」

完全不用多想，莫莉馬上回答：「很簡單。**我希望她能找到眞正**

的自我，希望她別把這些怒吼當成眞理。這就是我爲卡特琳許下的願望！」

「嗯，莫莉，沒錯，這是我們能爲他人所許下最美好的願望。可是你該怎麼做，才能讓這個願望實現呢？你很難向她解釋這種事吧？她根本不知道你能進入她的體內；而且除了責罵，她壓根沒聽過其他的話語，甚至覺得這些責備就是眞理。這種觀念很難光靠言語抗衡，你說是不是？」

莫莉點頭承認：「確實是。」她有點無奈，但難道就只能這樣束手無策嗎？

「先別放棄，莫莉，說不定你還是有辦法的。」守護天使鼓勵她：「想想看，在你尚未發現純淨的愛就蘊藏在內心最深處之前；在你還以爲你只是個沒有特別能力的女孩前，你做了些什麼來改變自己的內心？」

莫莉認眞思考——她可不希望在這時候犯任何錯誤，這件事太重要了。只要能幫卡特琳擺脫沉重的壓力，她一定會盡力去做。她開始回想自己的心路歷程，回想那片聳立的灰色高山、那些佝僂的生靈和黏答答的褐蛙……他們看起來那麼醜陋、陰森又冷漠麻木。後來自己做了一件事，讓他們一瞬間變得美麗、安詳又充滿活力。可是自己到底做了什麼？也許她也能用它來幫助卡特琳。那次奇幻旅程再次浮上莫莉的心頭：**她與所有自己原先不願接納的情緒與感受邂逅，最後愛上他們。**

「我對他們產生了同理心。」莫莉說著，也因爲心情放鬆而面露喜色：「起初他們都排斥我，我也對他們感到害怕。可是深入觀察後，我開始憐惜他們，也發現他們並不像我原先所想的那麼可怕，他們甚至比我更不安。我的想法從原本想要逃跑，變成想幫助他們。我的心爲他們敞開，我還記得自己的心如何擴大再擴大，而且我能非常眞切地感受到這一點。**有趣的是，因爲我敞開心房，那些生靈於是開始改變，他們突**

然變得美麗無比。不過這些你都知道啊，當時你也在場嘛。只是這一切都發生在我心中，我當然對這些事有影響力；但卡特琳是獨立個體，我無法改變她啊！我不懂，這兩件事怎麼能相提並論？」

「莫莉，你記得很清楚。」守護天使並沒有生氣：「我們再仔細一點觀察這件事：**當你爲他人、甚至爲其他事物敞開心房，並對他們寄予同情時，你就會覺得自己似乎能體會對方的痛苦和喜悅**，對吧？」

「沒錯，如果對方是人類的話。」莫莉想起以前班上某個女同學的經歷。那位同學每次被老師點名回答問題，就會因過度緊張導致腦袋整個卡住，連最簡單的問題也答不出來。其實那位同學相當聰明，只是太緊張了。每次莫莉只要想起她，就覺得自己的脖子也好像被別人勒住似的。這麼看來，自己能在任何情況下對人類抱持同理心；可是守護天使剛剛的話裡還包括『其他事物』，莫莉覺得這沒道理啊！畢竟事物又沒有生命。

一如往常，守護天使同樣讀出她的想法。

「想想看，你不只能對人類寄予同情，連你自己的情緒也可以。」

「對啊！」莫莉心想：「我怎麼這麼快就忘了？」

守護天使又說：「還有，小時候你一想到自己的洋娃娃或泰迪熊會痛，你自己就會跟著覺得痛。它們也不是人類，但對你來說，它們跟人類一樣重要。許多人都能同理大自然、樹木和花朵；甚至有許多人覺得，相較於其他人類，他們更容易對動物付出同理心。我想說的是，**我們不只能同理他人，也能同理世間萬物。**」

莫莉用力點頭。對，沒錯。當她在電視上看到動物受虐時，自己也總會感到疼痛，幾乎無法繼續看下去，幸好媽媽會及時轉臺。

「我們順著這種想法繼續推論吧。」守護天使敦促她：「這一點非常重要：**這不僅能幫助你以不同的眼光看待世界，甚至能改變世界，讓世界變得更美好。**莫莉，**你的力量比你自己以為的還要強大許多。**」

莫莉十分激動，她覺得自己既強大又重要。她急切地說：「好，我們開始吧。」

「莫莉，你還記得『愛』的聲音嗎？你還記得她對你說過什麼話嗎？」

「我永遠忘不了！她說，**在我們所有人的內心最深處都是愛，愛是永恆的，萬物都源自於愛，並且會返回愛裡。**」莫莉激動得臉頰發燙。與愛的相遇是她所經歷過最美好的經驗。

「正是。」守護天使笑著對她說：「萬物——所有的一切都源自於愛，所以說到底，萬事萬物都是同一的。我們從表面上看到的各種差異背後，其實都源自於唯一的能量。當你對某個不同於自己的生靈寄予同情時，就等於去除了橫亙在你與它之間那表面上的界線，並能更深入感知彼此的同一性。你可以感受它的痛，如同感受自己的痛；感受它的喜悅，如同感受自己的喜悅。隨著你往更深處走，在源頭的地方，其他一切都會消融，唯獨剩下『愛』這種能融萬物爲一的能量。

「這是一種絕對的喜樂。當你告訴某個人『我愛你』時，你所說的其實是：『跟你在一起，我能輕鬆體會到彼此的同一性——名爲愛的同一性。』和某些人相處時，我們能輕鬆體會這一點，和另一些人則比較難。但**無論如何，存在於彼此之間的同一性始終都在，只是我們往往忘了它的存在。**」

「話是沒錯啦，」莫莉反問：「但我該怎麼用愛來幫助卡特琳呢？」這場對話雖然美好，莫莉卻開始感到不耐煩了。

守護天使又適時伸出援手：「這正是我們接下來要做的。莫莉。如果愛純粹只是一種意念，無法實際運用，它就不具任何價值。但事實上，愛是世上最強大的能量，甚至是唯一的能量。所以如果你讓愛在自己體內洶湧澎湃，讓它充滿你，並盈滿他人，人們自然而然就會被愛流貫，並同樣地由內而外產生變化。」

8

看見爸爸咆哮怒吼背後的擔憂

聽完這些話，莫莉驚訝地望著守護天使。

守護天使繼續說：「讓我用比較具體的方法來說明這種觀點吧：**想像你自己是一口深邃的井，底下蘊藏著地下水**。地下水到處都有，而人人也都需要水才能生活，但不是所有人都會碰觸到地下水層，許多人甚至忘了它的存在。儘管你四周的大地乾涸，但如果你深入地底深處，水就有機會湧上來——啊，不對，除非透過你，否則地下水不可能湧上來。**你只需要做好準備，讓底下的水向上湧出，其他的什麼都不必做。你只需要讓水填滿你，讓它從井口溢流出來，流向周圍的土地，滋潤土壤，滲透大地**。

「因為你，湧出並溢流的水越來越多，於是你周遭的大地再度變得肥沃。花朵再次綻放——有的早開，有的晚開。而水流源源不絕地滲透萬物，讓萬物都能被這口重要的生命之泉滋養。只需要一口井水，便足以促成這些效果。之後也許會再加上第二口、第三口井，於是不久之後，便能花開遍地，花香處處，到處都洋溢著生機。經過一番休養，植物會再度想起地下水的存在，並自己去尋找它；它們的根會深深地探入地底，好讓自己能得到地下水的滋養。也許有一天，再度天降甘霖，帶來的水量多過大地的需求，於是形成了溪流。

「如此這般，總有一天，再也沒有人會想起水曾不足以滋養眾生，而我們甚至不再需要水井了。不過在這一天到來之前，人們都需要水井，這樣才能取得原本就爲了供大家使用的水，並將水輸送到世界各地。

「莫莉，**請你成爲這樣的水井**。只是你提供的不是水，而是遠比水更重要的愛。不同於水或其他事物，愛是源源不絕的，而且不論你付出多少，愛都不會減少半分！與此同時，你付出的愛也永遠不會太多，因爲**愛最期待的，就是被人們當成禮物贈送出去。請去愛你周圍的人事物，直到他們想起「愛」也是他們的本質**，如此一來，他們將往自己的內心覓求愛。

「莫莉，**如果你想讓這個世界變得更美好**，這就是你必須做的。你無法從外在改變所有事物，也不需要這麼做，**只要讓人們想起他們眞正的本質就夠了**。這是每位孩童、每個成人都做得到的。所以說，**人人都擁有改變世界的力量**。」

莫莉聽得雙眼發亮。「我懂了。」她回答：「你說的沒錯。當我感受到卡特琳的痛苦時，我自己也感到萬分悲痛，並情不自禁地爲她敞開我的心房。在此之前，我根本不知道她必須忍受怎樣的痛苦。」

話才說完，莫莉內心的空間變得更大了，而她也感受到愛從自己體內湧升，接著澎湃地流向卡特琳所在的位置。隨著碰觸到卡特琳的愛越來越多，她體內的斥責聲也逐漸減弱。愛似乎消解了那些可怕的噪音——毋須掙扎，且輕而易舉。

現在，莫莉開始聽見其他聲音。起先，這些悅耳的聲音相當微弱，但它們越來越大膽，開始從一片寂靜中向外傳遞；最後，那柔美的旋律終於充盈了整個空間。原先聽起來像打擊樂器的吵雜聲——可能是卡特琳劇烈的心跳——轉變成平穩、規律的搏動。除此之外，莫莉覺得自己還聽到了長笛的樂音……喔，她發誓她絕對聽到了柔和的小提琴聲，因爲它們有如舒緩的波浪層層蕩漾著。卡特琳的身體越來越像一個和諧的交響樂隊，這才是它該有的表現呀！

莫莉一邊在心裡這麼想著，一邊享受著美妙的旋律。

最後，吵雜聲終於止歇，莫莉也比較能清楚聽見卡特琳爸爸所說的話。

「卡特琳，學校作業寫好了嗎？你知道你應該好好念書的。」

奇怪的是，這次莫莉並沒有在話語中聽見斥責，反而是對方的恐懼與惶惑。卡特琳也是第一次聽見這種心情，因此，這次她以溫和的語氣問爸爸：

「爸爸，你怎麼了？你感覺很焦慮，而且好像無論我做什麼，你都不會滿意。我猜你不知道這對我來說有多難熬，我覺得自己永遠無法滿足你的期待。我們不能好好談一談嗎？」

現在，莫莉能透過自己的心靈之眼見到卡特琳的父親了，並看到他驚訝地注視著自己的女兒：卡特琳從不曾這樣對他說話，也從沒這麼坦率地問自己到底怎麼了。平時他們總是激烈爭吵，而他也總是不容許任何反駁，一味斥責女兒不該那麼不聽話。可是這一次，他訝異地聽到自己誠實回答：

「這是因爲我很擔心，而且有時會讓我煩惱得不得了。可是跟你說也沒用，你不會懂的。」

「說不定我懂。」卡特琳並沒有退讓：「你至少該試一試。」

「好吧。」爸爸猶豫了一下，最後終於讓步：「如果你一定要知道……嗯，卡特琳，我很可能保不住工作了——每天都有同事被公司解倔。雖然我一直都很努力做事，但我不確定哪一天會不會輪到我。」

他心想：「我眞的是在和女兒說話嗎？」

但他還來不及改變心意，便脫口而出：

「萬一我丟了工作，該怎麼支付這些費用——房租、你上才藝班的費用，還有我們的生活費？對我來說，這些責任有時實在太沉重了；這就是爲什麼用功念書這麼重要，這樣你才有機會得到比我更好的工作，不需要爲這些事情操心。」

這一次，卡特琳的感受和過去完全不同。雖然不知道爲什麼，但她內心突然感到一股前所未有的寧靜，而這種寧靜又滋生出新的信心。她認爲這**應該感謝爸爸眞誠地對自己坦白**。於是卡特琳說：

「爸爸，我了解你，至少我認爲自己了解你。可是你知道嗎，再繼續用這種方式互相對待是沒有幫助的：糟糕的事情還沒出現，我們就已經把自己的生活變成地獄了。難道我們不能試著相信一切都會變好嗎？

目前爲止，我一直覺得生活冷酷又充滿束縛，但我不相信這就是人生的目的。**我們爲何不試著享受當下，爲彼此而活呢**？就算遭遇困難，我們也一定能想辦法克服。但現在，我們還是能享受生活的，不是嗎？」

卡特琳的爸爸眼裡噙著淚水。他不習慣流露自己的情感，或像這樣開誠布公地談話。和妻子沒有，更別說跟自己的女兒了。將自己的情感和想法攤在陽光下，令他有點尷尬。可是正如卡特琳當下的感受，他的內心深處也發生了變化，變得開朗了些，並滋生出全新的信心。目前爲止，不論遇到什麼困難，他都有辦法處理；就算將來丟了工作，只要擁有關愛他的家人支持，他也一定能夠度過難關。家人們其實只希望過得幸福，而且無論他成功與否，他們都會永遠支持他。

一陣突如其來的激動，他緊緊擁抱著女兒，淚水沿著兩人的臉頰流淌下來；而他們也察覺心裡升起一股極爲熟悉、卻又是初次意識到的愛，這份愛正在彼此心中交流著。在他們周遭，眼前所見的一切都豁然開朗起來，也變得更加明亮。**卡特琳的爸爸突然對自己的恐懼感到可笑：居然只因爲某種情緒，就差點毀了自己的生活，而且實際上根本沒發生任何壞事！**

他決定明天要去找主管，請對方說明實際情況。他寧可正視問題，也不要縮在自己的蝸殼裡，一味祈求擔心的事不要發生，就這樣一天又一天。就算自己眞的失業了，他相信主管也會推薦他到其他地方任職。他心想：「船到橋頭自然直，**事情一件一件處理就好**。」在這一刻，心上一塊大石彷彿落了地，他感覺輕鬆多了。

莫莉注視著這一幕，淚水也濡濕她的臉頰。她再次深刻感受到「愛」的魔力。短短幾分鐘內，卡特琳的身體和她的家庭，從情緒大起大落的建築，蛻變成充滿溫馨與希望的地方。儘管滿臉淚痕，莫莉依然忍不住露出微笑。

「我真的能感受別人身體裡的感覺。」她開始回想發生在體內的那趟旅程，想起當時自己也有幾處不順暢的小阻塞，可是和發生在卡特琳身上的事相比，完全不值得一提。看到卡特琳現在變得和自己一樣心情平和，莫莉感到很開心，於是她背過身，離開卡特琳，再次返回河畔。她大口大口深呼吸，將盈滿喜悅與輕快的愛散發給周圍的蜜蜂和花朵，接著也發送給她的腳踏車——總是忠心耿耿、將她帶向各處的腳踏車。她感受到對周遭所有事物的愛，而它們似乎都變得更明亮、愉快、有活力。「人生就該這樣。」莫莉心想，沒錯，應該這樣才對。

9

無聊沉悶的老師，內在原來藏著悲傷

莫莉在河畔又靜靜坐了一會兒，享受自己的時光，也消化一下剛才的經歷。接下來，她的思緒緩緩轉向班上的貝克老師。她也不知道爲什麼剛好在這個時候想到他，也許是因爲卡特琳經常跟貝克老師作對吧。但如果要誠實一點，那麼莫莉就不得不承認自己也沒對貝克老師多友善。他的課無聊得要命，加上他又對學生沒轍，怪不得大家都爲所欲爲，沒人聽他的。

就在剛結束這個想法的同時，莫莉發現自己置身在一片霧氣瀰漫的**灰階世界**裡。她打了個冷顫：自己到底跑到哪裡去了？今天發生的一連串事情還眞是稀奇古怪！左右張望後，她驚訝地發現：這裡基本上就跟自己的情感世界一樣，差別在於她的情感世界生機勃勃，有仙女、精靈和蝴蝶；陽光普照，還有金色的溪流。相反的，這裡只有灰濛濛的一片，沒有任何色彩或聲響能劃破這片沉沉的霧氣。莫莉感到一陣寒意：這裡究竟是哪裡？

「莫莉，這裡相當無趣吧？」守護天使再度現身：「嗯，一點也不奇怪，因爲你來到了你們那位，嗯，超無趣的貝克老師的情感世界。」

莫莉睜大了眼睛，先是卡特琳的身體，接著是貝克老師沉悶的情感世界。一定要這樣嗎？守護天使果然很把自己的話當一回事！

果不其然，莫莉眞的見到貝克老師在他家裡，悲傷地坐在桌邊，思念他去年過世的妻子。他非常想念她。自從妻子過世後，他完全不知道自己爲什麼還要繼續活著。她是他的一切，也是唯一會聽他說話、眞正重視他的人。妻子能讓他開心歡笑；而當她笑起來的時候，貝克老師會覺得瞬間有如太陽升起，溫暖了他的心。可是現在，他身邊半個人都沒有了。

有時他會假裝妻子還在，雖然這樣能暫時給他安慰，只是一旦想起妻子已經離去，他就覺得自己的心臟像是被人挖出來似的，那分悲痛強烈到讓他難以承受。至於其他時候，他根本不清楚自己的心是否還在，無論是自己的內在或周遭，一切看起來都死氣沉沉的，就像此刻一樣。他不禁質問起自己爲何還要活下去。他似乎對任何事都失去熱情，覺得一切毫無意義。

若是從前，工作至少還能爲他帶來樂趣。還年輕的時候，他每天清晨都會渾身幹勁地起床，期待新的一天到來。他總是認眞備課，希望給學生最好的教學，並盡量把課上得容易理解。但他很快就發現，自己並不是那種會受學生尊敬的老師。他不幽默、不懂得取悅別人，而溫吞又習慣深思熟慮的態度，更令學生感覺無趣到了極點。尤其卡特琳這個女孩，總是想盡辦法讓他日子難過，而**他也因爲自己居然懼怕一名女學生的毒舌而感到羞愧**。

莫莉坐在草地上，她可以感受到貝克老師的情緒，猶如感受自己的一樣。**現在她也終於了解，爲什麼貝克老師的情感世界如此灰暗了**。那裡已經喪失了喜悅、活力，一切都籠罩在哀傷的灰色霧靄中，導致其他情緒完全沒有機會擴散。他的喜悅與生命力早已窒息而亡。

莫莉再次流下淚水，她對貝克老師的處境寄予深刻的同情。現在她也讓自己的愛流向老師，因爲貝克老師似乎已經忘卻他自己懷有的愛。

彷彿奇蹟發生般，蟄伏在他心中、等待再次被召喚的愛開始甦醒。如同先前莫莉的愛消除了卡特琳心中的雜音，這一次，愛也將一群絢麗的蝴蝶送上天際，而牠們輕而易舉地就用翅膀拉起薄紗般的霧靄，將它永遠帶走。

望著眼前的景象，莫莉驚訝地張大了嘴。除去這層灰暗的霧靄後，原本被遮蔽的整片大地清晰可見，而莫莉也見到哀傷以各種仙女的形象顯現在眼前。她激動地望著她們以莊嚴的身姿離去。

對現在的莫莉來說，哀傷就如同一位熟悉的好友；而莫莉也發現，能夠離開這裡，顯然也讓哀傷鬆了一口氣。**哀傷雖然也是內心世界的一**

分子，但她們從來沒想過要獨占整片情感世界，這裡對哀傷來說太遼闊了。因此能重回自己原本的位置，讓哀傷相當開心。

莫莉看著哀傷的身影圍繞著瘦小的恐懼，恐懼則看向莫莉，朝著她親切地揮手，莫莉也對他揮揮手。她對恐懼同樣記憶猶新。沒錯，恐懼永遠都在，因爲莫莉是人類，而**世上所有生物都知道什麼是恐懼**。差別在於，現在**恐懼只是她的一小部分，只會偶爾好奇地向外窺探，如此而已**。此外，莫莉也愛上了恐懼那分溫柔、易受傷害的特質。

此刻她正享受著在眼前上映的這齣美妙戲碼：少了陰暗的霧霾遮蔽，陽光和絢麗的光影變化又開始在這片大地上演。

起先，陽光還相當微弱，隨後逐漸增強。陽光灑落在這片土地上，溫暖它，讓它沐浴在金黃色的光芒中。幾位精靈受到陽光和翩翩飛舞的蝴蝶吸引，忍不住從屋裡探出頭，驚訝於這片緩緩甦醒的大地。剛開始他們還有點猶豫，但臉上的笑容隨即變得燦爛起來，最後，他們終於來到屋外，並大膽地打開小屋的門戶，讓空氣流通，又在花園裡勤勉地翻土，準備種植色彩繽紛的開花植物。他們期待這一天已經好久了！

莫莉也在這片景象後方發現了褐蛙和噴火龍的身影，如同她在自己的情感世界中所見到的一樣。莫莉驚訝地笑了出來：**看來基本上，每個人的情感世界差異並不大**；當然啦，規模大小可能不太一樣，但依然能清楚辨識它們的相似之處：**哀傷、喜悅、恐懼和羞愧，可以確定這些是大家都有的**。

讓莫莉開心的是，現在仙女們也聚集過來，閃亮的衣衫將天空輝映得璀璨耀眼，而她們也忙著以自己的金色髮絲編織河流。莫莉決定去探視待在家裡的貝克老師。這時，他依然坐在桌邊凝視著蠟燭，但慢慢的，貝克老師似乎察覺自己體內有什麼東西正在鬆動；此外，一股平靜的喜悅似乎從他心中升起，但他並不知道原因，他甚至不知道自己還擁有這種喜悅。他想抓住這分喜悅，卻察覺其中還存在著某種阻力。他大概知道那是什麼，於是他開始回想已故的妻子，並對著空氣說：

「伊莎貝，請給我一個暗號，讓我知道你在這裡，而你也不介意我重新過著快樂的生活。我會收到你的暗號的。」

接下來，他開始訴說自己的心事：「自從你深受病痛折磨，又因此過世後，我根本不敢讓自己過得快樂。我覺得自己是個無能的人，無法減輕你的痛苦，也無法阻止你死去。我覺得自己應該隨你而去，並因爲自己還活著而深感愧疚。不過伊莎貝，這樣的陰霾應該到此爲止了。我還活著，我還年輕，身體也健康，況且還有一個任務等著我去完成，只要我願意，這項任務一定能爲我帶來樂趣：**學校裡的孩子需要我，就算他們有時不好相處，但他們每個人都值得我全力以赴，而這麼做也是爲了我自己**。

「所以，伊莎貝，我的摯愛，從今以後，我將展開新的生活；但如果你能給我一個暗號，我一定會更開心。我依然愛你，也永遠感謝你。我非常渴望知道，今後你仍會繼續支持我。」

當貝克老師在屋裡自說自話時，他覺得自己有點幼稚，也不是眞的期待能獲得任何回應。但他突然感覺有一道光芒從體內升起，這神聖的光芒不只照亮了他，似乎也照亮了整個房間。他驚訝的望著燭光，想知道這突如其來的神奇景象是不是蠟燭造成的，然而蠟燭一如往常，只閃爍著微弱的光芒。

不是蠟燭。這道光確實出自他的內心世界，彷彿有人揭去一層面紗，而伊莎貝的笑容就如陽光般從中穿透出來，照亮了他的內心與周遭的一切。

這時，貝克老師露出喜悅的笑容，因爲他清楚看見，無論外在情況如何，盈滿他與妻子之間的愛永遠不會消失——伊莎貝不僅樂見，甚至全心全意希望他能過得幸福。

一種他遺忘已久的感覺——對生活的熱愛——在他體內甦醒。莫莉帶著微笑看著貝克老師充滿活力地站起身來，播放著有趣且適合跳舞的音樂，面帶笑容地轉起圈來。接著，他好好地泡了個澡、刮了鬍子，打算明天去市中心買些新衣服。這段時間以來，他一直不修邊幅，是時候改變了！說不定他還會邀請那位漂亮的德文老師外出用餐，伊莎貝應該也會樂見他這麼做吧！想到這裡，他體內變得加倍明亮。

莫莉睜開眼，做了個深呼吸。哇，這種經驗眞奇特！她覺得自己眼前彷彿有層紗也被揭開來了。過去她總認爲貝克老師是個怪人，根本不在乎他，更沒想到老師也有感情。但實際上，貝克老師的情感世界竟然和自己如此相似！這一點讓莫莉覺得老師可親多了，而莫莉也知道，從這一刻起，她看待貝克老師的目光絕對會不同於以往。

10

總將自己擺在末位，遺忘了夢想的媽媽

莫莉覺得有些精疲力盡，畢竟在一天之內見證了這些情緒和全新的發現，實在讓人難以消受；但與此同時，她又有種渴望：她想進一步了解另一個人。她一直認爲這個人的存在是理所當然的，這個人總是爲自己付出，每當自己有需要時，這個人就會將其他事情擺在一邊——這個人就是媽媽！媽媽總是把全副心思放在莫莉身上，現在莫莉也想看看媽媽的人生，想知道自己對媽媽的了解是否如同她所想的那麼深入。

莫莉有點緊張不安，她不確定自己是否有權利窺探媽媽的內心世界，她甚至覺得自己在偷窺別人的隱私。

「守護天使，你覺得怎麼樣？我可以做這些事嗎？先是進入卡特琳的身體，接著是貝克老師的情感世界，現在還加上媽媽。我是不是太好奇了？」莫莉在腦中發問。

「放心吧，莫莉。」守護天使立刻回覆：「如果有人想對自己人生的某些領域保密，愛就不會讓你看到。**凡是你看得到的，都是別人渴望**

傾訴，渴望他人給出意見，並提供協助的事——儘管這種渴求隱藏在他們的內心深處。畢竟每個人都渴望被看見、被理解，而所謂的同理心，就是設身處地爲他人著想的能力；當然，只在對方允許的範圍內。」

聽了這番話，莫莉滿心期待地閉上眼睛，進入媽媽的內心世界。然而，莫莉在那裡感受到的不是喜悅，反而因爲眼前所見而感到悲傷。媽媽的情感世界如同莫莉所預期的一樣，非常美麗：那裡數量最多的是仙女，當然也少不了調皮的精靈。莫莉對這一點並感到不意外，因爲媽媽的眼裡總是帶著笑意，她是莫莉所見過最優雅的女性，而莫莉還記得，仙女正象徵著優雅。

除此之外，莫莉也見到了媽媽的意念世界。之前當莫莉想像自己是個成功的女歌手、站在舞臺上演出時，她以煙火照亮了那個令人神往的世界，但隨後天邊便飄來幾朵烏雲。她記得這些烏雲是由虛幻和自卑的想法所產生的，例如「天底下沒有白吃的午餐」之類的。透過自己的經驗，莫莉學到**生命本身就是一件獨一無二的禮物**。可是媽媽那裡只有零星的煙火綻放，其他部分大多是低垂的烏雲，不禁讓莫莉覺得悲傷。怎麼會這樣呢？那麼美好、總是讓人信賴的媽媽，她的意念世界爲何如此晦暗？

莫莉凝神諦聽，漸漸聽到了一些意念片段，其中「責任」「知足」和「家庭」等詞語一再出現。莫莉嚇了一跳，難道媽媽後悔生下自己和弟弟嗎？不是的。莫莉從媽媽的意念世界中讀到，**媽媽也曾是個懷有夢想和願望的女孩**，尤其在她還年輕、人生道路仍很漫長時，追求夢想的欲望更是強烈。只是後來結了婚，也有了孩子，**爲了努力達成家人的期待，她開始將自己擺在最後**。隨著時光推移，在責任感的壓力下，這些夢想也就漸漸消逝了。

莫莉情不自禁地爲母親一寸一寸敞開心房，將「愛」源源不絕地傳送過去。隨著愛的增加，媽媽的意念世界變得更加明亮，烏雲也開始消散。塵封已久的昔日夢想開始小心翼翼地探出頭來，再被注入新的生命，並逐漸成形。莫莉驚訝地發現，媽媽依然想成爲畫家。莫莉見到過去誕生在媽媽幻想世界中的美妙圖畫，它們一直等著能眞正成爲畫布上的作品，只是這件事一直未能實現，因爲它們被媽媽的責任感困住了。現在，**夢想在媽媽的意念世界裡綻放出最耀眼的色彩**，那是布滿柔美花朵、令人感到無比幸福、多彩繽紛的畫作。媽媽簡直就像一只無邊無際的調色盤般神奇。

莫莉激動得落淚。現在她才知道，媽媽心中竟蘊藏著這樣的生命力和創意，她覺得這樣的美應該展現出來、與他人分享才對。受到這種急切的能量鼓勵，眞正的煙火開始在媽媽心中點燃，不斷構成新的花卉與風景。儘管莫莉一直很欽佩媽媽，卻從沒想到媽媽居然能創造出這麼豐美的世界。

隨著時間過去，莫莉看到媽媽心中燃燒起來的願望越來越多，似乎無止無盡：是旅行，多次在南歐無憂無慮又充滿樂趣的旅行；尤其是義大利，不斷反覆出現，媽媽似乎從這個美麗的國度汲取了許多心靈的養分。可是距離她上一次去義大利到現在，已經過了好長一段時間。而且那裡還有許多媽媽以前沒見過的事物：她沒去過羅馬，也沒去過佛羅倫斯。對這些城市的憧憬自媽媽心中升騰而起，成爲在空中綻放的煙火。接著，這兩座城市又被其他地方、夢想和願望取代。莫莉看著這場煙火秀，過了一會兒，她決定是時候讓媽媽回到自己的意念世界了。

莫莉睜開雙眼，撐著身體坐了起來。她感到精疲力盡，同時又滿心歡喜。探訪三個人的三趟旅程：第一次進入一個她不太喜歡的人體內；第二次進入一個她不特別在意的人的情感世界；最後則是媽媽的意念宇宙。莫莉當然一直深愛著媽媽，也認爲自己相當了解她，然而自己對媽媽的了解其實並不夠深入。在這三次旅途中，「愛」都將一切變得更美好，就算遇到很糟糕的情況，「愛」也爲它們注入色彩與光明。**愛果然具有改變萬事萬物的力量，爲黑暗與荒地帶來光明和生命**。

莫莉又坐了一會兒，聆聽四周的天籟：流水、鳥鳴、蜜蜂的振翅聲，還有自己的心跳聲，感到內心寧靜無比。

接著，她跨上腳踏車，慢慢騎回家。這天晚上，她非常安靜，因爲她需要好好消化這些令人難忘的經歷。莫莉早早就上床睡覺，同時心想：「親愛的守護天使，今天我不想再經歷其他瘋狂的夢境了，今天眞的夠了。」接著便沉沉睡去。

11

世界真的因此改變了

第二天清晨，莫莉一醒來，腦中立刻浮現昨日的事件。在此刻，這些經歷顯得極度不眞實。她心想：「昨天眞的發生了這些事嗎？或者這只是自己的胡思亂想？」她眞的無法確定。就連在上學途中，她依然對昨天的經歷念念不忘。這一切感覺上如此眞實！自己昨天以那種獨特方式造訪過的人們，他們的內心世界眞的發生變化了嗎？最後，她很實際地下了一個結論：不，這應該只是她個人幻想出來的。現在她得面對事實。等一下就要上地理課，而那堂課正是悲傷的貝克老師負責的。

到了學校，莫莉發現貝克老師看起來一點也不哀傷。他面帶笑容，充滿熱情和活力。莫莉發誓，她從沒見貝克老師笑過！不只這樣，他看起來和從前截然不同——不只變得更年輕，而且是年輕多了！他甚至還會開玩笑?!太陽打從西邊出來了！

「同學們，早安！」他愉快地打招呼，全班同學都難以置信地望著他。「今天天氣眞好。我們不要坐在教室裡，**大自然等著我們親自去探**

究。**我們要感受它、嗅聞它、觸摸它、覺察它，體會到我們自己也是大自然的一部分**。所以，站起來，大家出去吧！」

大家幾乎不敢相信自己的眼睛和耳朵，超級無聊又總是愁容滿面的貝克老師到底怎麼了？不過大家並沒有花時間多想，因爲可以離開教室這件事實在太吸引人了！大家一窩蜂地衝出教室，深怕老師下一秒就會改變主意。

貝克老師當然沒有這麼做，他反而邁開步伐，帶領大家穿過森林和田野。他的熱情、活力和幹勁很快就吸引一大群學生圍著他，專注地聽他說話。

和大家隔著一段距離，莫莉好奇地觀看著這一幕。這時卡特琳突然走向她。

「喔，饒了我吧，一定要在這個時候嗎？在一切都這麼美好的時刻？」莫莉心想。雖然現在的她比較了解卡特琳，但此時此刻她眞的不需要別人的酸言酸語或挑釁。但她隨即發現，卡特琳看起來也不一樣了。

「嗨，莫莉。」卡特琳盯著地上。「我帶了東西要給你。」她把一只裝著餅乾的小袋子遞給莫莉，小聲地說：「我自己做的。」

莫莉驚訝到眼珠子差點掉出來。她顯然有點不知所措：「謝謝！可是你爲什麼要送我餅乾？」

「我也不知道，」卡特琳說：「就是突然想送。過去我常常用很差勁的態度對你，對其他人也是。關於這一點，我覺得很抱歉，以後我不會再這樣了。我們可以忘掉這些不愉快嗎？」

「我早就忘了。」莫莉笑著說，同時發現自己開心到心臟狂跳。她和卡特琳肩並肩，慢慢地邊走邊聊。起先兩人還有點害羞，後來越聊越熱情，她們聊上帝，也聊世界。莫莉驚訝地發現，**卡特琳外表看來雖然十分冷淡，骨子裡其實是個敏銳又聰明的女生。莫莉決定要好好呵護剛**

剛在兩人之間萌生的友誼嫩芽。

放學回家的路上，莫莉笑容滿面：幾星期前，她幸運地得知自己是身體、情感和意念的女王。而現在呢，她知道**光是憑著自己的「愛」，不僅能改變自己，也能把世界變得更美好！她擁有的力量，比自己所想的還要強大得多！**

等到莫莉返回家中時，她更驚訝了：媽媽在露臺上擺好桌子，布置得好漂亮，屋裡則迴盪著輕快的義大利音樂。媽媽把檸檬水倒進杯裡，還在桌上擺放許多可口的食物。見到莫莉進來，心情愉快的媽媽馬上給她一個愛的擁抱。

「莫莉，來，先別急著做功課。我們先享受一個美好的下午，怎麼樣？」

莫莉好開心。

「莫莉，生活如此美好，我們卻很少好好享受，而我也好久沒跟你好好聊聊了。今天你弟弟去找朋友，爸爸還在工作，所以我們有很多時間作伴。我很想知道你今天過得如何；不過，在此之前，我要先送你一件禮物。」

說著，媽媽遞給莫莉一只信封袋。莫莉非常訝異：給自己的禮物？沒有特別的理由？莫莉打開信封，裡面是一張歌唱課程的禮券！她簡直不敢相信！雖然學唱歌是自己的遠大夢想，但媽媽從沒支持過她。

「親愛的莫莉，我非常自責。我明明知道你有多喜歡唱歌，卻從來沒認眞看待這件事，反而一直要你專注在其他事情上：要你好好念書、希望你將來能有一份穩定的工作和收入。我總是想像將來你會成爲律師或醫師，對於你想成爲歌手的夢想，卻幾乎嗤之以鼻；雖然我很清楚，你擁有這方面的天分，而唱歌也帶給你莫大的喜悅。現在我只希望你過得幸福——你當然還是得顧好自己的學業，但是你也可以先上幾堂歌唱課，看看自己是不是眞的喜歡。如果你想要，爸爸和我都會全心全意地支持你；昨天我們已經談過了，我們的看法都相同。至於弟弟，如果他想，他也可以成爲消防員。」媽媽笑著說。

莫莉也笑了。

「我還有其他事想跟你說。」媽媽微微紅著臉：「我也有自己的夢想，雖然我幾乎將它們遺忘了；其中最大的夢想就是畫畫，所以我也報名參加了繪畫課。**我覺得這是我這麼久以來做過最自私，但也最美好的一件事。**」媽媽露出燦爛的笑容，這笑容讓莫莉想起媽媽年輕時的照片。「**因爲這件事，我開心了一整天，就像個孩子一樣**。沒錯，像個孩子……」媽媽若有所思：「**你們這些孩子還知道該如何歡喜，我們成人卻幾乎忘了這種能力**。莫莉，我還有很多地方可以向你學習。」

莫莉同樣笑得非常燦爛。接著她眨眨眼說：「媽媽，我跟你說，我也想到了一件事：我們兩個偶爾也可以一起去旅行呀！也許我們可以今年去佛羅倫斯，明年去羅馬？」

媽媽驚訝地看著莫莉，歡呼起來：「這個點子太棒了！佛羅倫斯和羅馬都是我一直想去的地方！你簡直就是我肚子裡的蛔蟲，這根本是魔法！」

媽媽以古怪的眼神看了莫莉一眼。這幾個星期以來，女兒的變化眞大，不僅散發出全新的自信、展現毫不做作的鎮定與從容，甚至還煥發出某種智慧的光輝。而女兒的變化似乎也爲周遭的人帶來某種影響——莫莉身邊的所有事物都變得更美好，就連自己也被女兒改變了。

媽媽還沒開口，莫莉就笑了起來：「魔法嗎……佛羅倫斯和羅馬。媽媽，事情不是很清楚嗎？許多偉大歌劇都來自義大利，如果我現在開始學唱歌，這兩座城市就是很棒的目標，而且那裡和繪畫也大有淵源。在那裡，我們兩人都能汲取許多靈感。」

「啊，原來是這樣呀。」這個解釋讓媽媽鬆了一口氣。母女連心，她們母女倆可是比一般人所想的更相像呢！

接著，兩人坐了下來。媽媽問莫莉：「莫莉，你在生活上有沒有什麼發生新鮮事呢？」

「啊，沒有呢，跟平常一樣。」莫莉並沒有完全說出實情。她心想：「眞對不起，親愛的媽媽，但現在時機還沒到，還不適合談我在你心裡看到的事。我們一件一件來。」

莫莉告訴媽媽發生在卡特琳和貝克老師身上的神奇變化，還說她找不到這些改變的原因。

「愛」也在一旁露出微笑。

PART 3

做自己生命的建築師

——自我實現的方法

12

生命的驅動力是什麼？

莫莉望著窗外紛紛飄落的雪花，這場雪已連下了好幾天。從室內往外看，草地上彷彿鋪著一床晶瑩潔白的被單，也像覆蓋著一層鬆鬆軟軟的羽絨被，或者更像是白色雲層？

像什麼都不重要，重要的是眼前的美景令莫莉百看不厭。現在雪停了，太陽露出臉來。陽光灑落，照射在一顆顆冰晶上，有如珠寶般晶瑩發亮：時而這裡閃爍，時而那裡閃爍，光線似乎到處跳動。莫莉看得兩條腿再也坐不住了，她迫不及待想出門享受這片童話般的美麗大地，想堆雪人、丟雪球，看著自己呵出來的氣變成一片白霧！

可是她想先釐清一些事情再出門。這幾天有個問題一直縈繞在她心頭，她一定要找到解答，不然內心就無法平靜。但光靠一己之力似乎找不到答案，她還需要他人的協助。因此，莫莉朝著空中呼喊：

「守護天使，你有一點時間嗎？」

很快的，空中傳來一聲輕笑：「豈止一點，我可是擁有全世界的時間。有什麼事嗎？」

莫莉驚訝地問：「眞的？擁有全世界的時間？可是你要做的事一定很多，畢竟地球上有這麼多人。」

「不是這樣的，莫莉。」守護天使用開朗的語氣說：「我只爲你而存在，守護你是我唯一的任務。」

莫莉太驚訝了，她差點忘了自己想問的問題，反而接著問：「這麼說太誇張了吧？你還可以再多守護幾個人才對，我應該不至於讓你那麼忙吧？」

「我們爲什麼要分散自己的力量呢？」守護天使說：「守護天使多得很，我們不需要節省人力。更何況，你對我來說是特別的，我不想守護其他人。」

「喔。」莫莉微微一笑。對她來說，自己的守護天使也很重要，但此時此刻，她想回到自己最初的問題。

「有個問題我一直搞不懂，可是我不知道該怎麼說才好，我腦子裡還是有點混亂。」

「試試看嘛。」守護天使鼓勵她。

「好吧。」由於太專心思考，莫莉的眉頭都蹙起來了。她想問的事眞的很難用言詞說清楚，但最後她還是開口了：「最近我學到了許多關於我自己和人生的知識，現在我也過得很好，這樣眞的很棒。可是……該怎麼說呢……整體來說，我還是不了解這到底是怎麼回事。

「比如說，我爸爸有一份工作，可是我根本不知道他是否喜歡他的工作；還有，他爲什麼要做現在所做的事。至於我呢，我必須上學，有時候我覺得上學有趣，有時候卻覺得不好玩。老實說，我根本不懂爲什麼必須學某些科目——學會了好像也沒什麼用處；另一方面，我很愛唱歌，但我也不能整天光唱歌，其他什麼事都不做。

「那麼我該怎麼辦呢？我應該專注做哪些事？現在我試著把『愛』

當成人生道路的指引，可是愛那麼無邊無際，有時我都覺得自己差點要迷路了呢。」

「喔，莫莉，我想我了解你的意思。」守護天使露出親切的笑容：「你想了解的是人類生存的意義吧？哇，你問的問題可眞不少，下回我要挑個不那麼常動腦筋思考的人來守護。」

守護天使逗著她玩，但莫莉知道他並沒有眞的要這麼做。

守護天使隨即正色道：「開玩笑啦。說眞的，莫莉，對一個青少年來說，這個問題非常複雜，甚至連許多大人都從來沒想過呢。不過我會努力爲你解惑的。現在我可以先告訴你：**人生的意義非常美好**，你大可開心期待。」

莫莉笑了起來，她很慶幸自己提出這個問題，也萬分期待能立刻獲得解答；有這麼睿智的守護天使幫助，眞的很方便。

但守護天使並沒有如莫莉所想的，立刻給出讓她滿意的答案，他反而提議：「剛才你不是想出門玩雪嗎？我們何不先出去走走？」

「好吧。」莫莉有點失望，但如果守護天使眞的隨時陪著自己，那麼要是他想外出一下的話，她是不會拒絕的。畢竟一直陪著她呆坐在家裡，看著她唱歌、觀察雪花或苦苦思索，守護天使也可能覺得很無聊。莫莉於是穿上了雪靴、厚外套，再戴上毛帽、手套，匆匆向媽媽說了聲「掰掰」便走出家門，進入白雪皚皚的世界。

屋外又開始飄雪，莫莉笑嘻嘻地望著天空，她張大了嘴，還伸出舌頭。莫莉喜歡讓雪在舌尖上融化，也喜歡冰涼的雪花落在臉上的感覺。守護天使的建議沒錯，是應該出門走走才對，埋頭思考哪比得上享受戶外的新鮮空氣、感受皮膚上的雪花好玩呢？

莫莉開心地堆起雪人。她堆的雪人不大，勉強算是個雪寶寶吧，但莫莉覺得它很可愛，還幫它取名「卡西米爾」。接著，莫莉飛快跑回屋內，從廚房裡拿了一根紅蘿蔔又衝了出去。衝出門時，她聽見媽媽在背後碎念，說她把雪地上的爛泥巴帶進屋裡。但莫莉一點也不在乎，畢竟卡西米爾需要一個鼻子。莫莉將紅蘿蔔插在它臉上，再用路上找來的小圓石做出了雪人的眼睛和嘴巴；接著她再次跑回屋裡，從廚房拿了一只小鍋子當成雪人的帽子。這次她衝出門時速度更快，因爲媽媽已經邊罵邊追過來了——莫莉同樣沒脫鞋就跑進屋裡。看到地板上的水漬，媽媽顯然很生氣。

有兩個小孩正好跟著爸媽路過，他們看到卡西米爾時，開心地大聲歡呼著。

莫莉的鄰居也對她說：「莫莉，這個雪人眞好看，希望它別太快就融化了。」

莫莉朝對方揮揮手。雖然戶外很冷，莫莉卻覺得臉頰發燙。

「走，我們去散步。」她在腦中告訴守護天使：「說不定我們還會在路上看到更多雪人。」

說完，她俏皮地向卡西米爾鞠了個躬，蹦蹦跳跳地離開了。

「等等，莫莉，別走那麼快！」守護天使呼喚她：「該說的我先說一下，免得待會兒忘記：剛才你所做的雪人，就是那個問題的答案。」

莫莉眞想在雪地上跳躍，欣賞自己在這片幾乎潔白無瑕的大地上留下的鞋印。但她還是客氣地發問：「哪個問題？」

「剛剛你不是問我『人類生存的目的』嗎？剛才你自己已經回答這個問題了。」

「我只不過是堆了個雪人而已。」莫莉笑著說：「這應該不是大家活在這個世界上都該做的事吧？如果是的話，世界上就會有好多好多雪人了。」

「當然，你說的對，並不是人人都該堆雪人。」守護天使也笑了起來。「可是你所做的不僅只是堆雪人而已：首先，你腦中會浮現一個雪人的模樣，然後產生渴望將它做出來的衝動，接著你很快就堆好雪人了。你使自己的願望成眞，而基本上，**『實現夢想』就是人類存在的目的**。堆雪人也是實現夢想的一種——儘管這個夢想不算大；而且說眞的，卡西米爾確實迷你了一點，但**每個人都是從小事開始的**。」守護天使爽朗地說。

莫莉不想在這個時候討論卡西米爾的大小，她只想直搗核心：「人類存在的目的，是爲了實現他們的夢想？」她露出懷疑的眼神。「你確定嗎？我怎麼覺得聽起來很怪？好像太容易了吧？」

「確定，我非常確定。」守護天使笑了起來：「鳥兒啼唱、河水流動、陽光照耀，而人們則顯化（manifest）他們的夢想。」

「顯……什麼？這是什麼意思？我從來沒聽過耶！」莫莉感到困惑，但同時也稍稍覺得放心了些。如果這件事的背後有這個顯什麼來著的東西，那麼守護天使說的話就可能有道理。畢竟人生非常複雜，絕對不只是實現自己的夢想那麼簡單。

守護天使回答：「喔，抱歉，莫莉！**『顯化』的意思是使某件事成眞。你腦中出現一個想法、一種構想或夢想，然後你將這個夢想展現出來，使它成眞。在理想狀態下，結果能爲自己和他人帶來喜樂。**就像卡西米爾，除了你，它也帶給路過的孩子和鄰居快樂。」

莫莉低聲碎念：「可是它並沒有帶給媽媽許多快樂呀！」不過她還是決定姑且相信守護天使的話。接著她又說：「這麼說來很簡單，我們每個人都應該有事做。」現在莫莉開始覺得工作確實有意義了。她也發現，工作似乎非常重要，尤其是成年人，他們好像很重視這件事。她的結論是：「就像爸爸整天都在工作一樣，所以他做的完全正確。」

「不完全是這樣。**重點在於人們做一件事背後的動力是什麼；換句話說，就是『我們爲什麼做我們在做的事』，還有，這件事能不能帶給大家快樂。純粹爲了想做而做，結果多半不怎麼樣，而且很可能讓人感到空虛，甚至辛苦。**這並不是事物本身眞正的意義，也往往得不到我們想要的結果。不過，晚一點我們再討論這個問題，現在我們先繼續往前走吧。」

「好啊！」莫莉又蹦蹦跳跳地向前邁步。

13

每一秒，我們都在創造奇蹟

一路上莫莉都開開心心地哼著歌，還不時彎腰捏出一顆雪球，再用力扔得遠遠的。她思考著：事情眞的像守護天使所說的那麼簡單嗎？她並不完全相信，也還無法眞正理解。不過以她對守護天使的了解，他一定會再進一步說明。

就在此時，守護天使的聲音再度響起：「這裡剛好有一個很適合的例子。莫莉，你們學校是以誰的名字命名的？」

莫莉不解地抬起頭。剛才她一直在專心思考，根本沒有發現儘管今天是星期六，自己還是往學校的方向走，而現在她就站在校門口。

莫莉馬上回答：「嗯，就是用蓋我們學校的那個人啊。他應該很有名吧，他在我們這一帶蓋了不少房子，包括市政廳。」莫莉對自己的博學感到挺得意的。

「沒錯，他就是你們學校的建築師。建築師就是設計房屋的人。」

這一點莫莉也知道，因爲舅舅就是一名建築師。不過老實說，她不太清楚舅舅到底在做什麼，因此她很感興趣地聽著，這樣也許她下次就能向舅舅炫耀一番。

「那位建築師是怎麼建造你們學校和市政廳的呢？他是不是開著一輛載滿石頭的超大貨車過來，把石頭倒出來之後，再一塊一塊疊起來，然後房子就在他面前蓋好了？」

莫莉忍不住笑了起來：「不，當然不是。他必須做計畫，否則他不會知道自己想蓋怎樣的房子。」

「啊哈！」守護天使說：「你說的是先在紙上畫圖嗎？他拿出一枝筆在紙上畫來畫去的，最後驚訝地發現紙上出現了一幢建築物。是這樣嗎？」

「不是這樣的。他必須先思考這幢房子看起來應該長怎樣，接著再畫下來。每當建築物的樣貌浮現在我舅舅腦中的候，他總是非常激動。爸爸說，這就是靈感，而靈感有可能隨時出現。比如舅舅來我們家的時候，他很可能突然坐下來，在隨身攜帶的畫圖本上畫來畫去的，這種時候誰都不許打擾他。我想，在那一刻，他是眞的見到那幢建築物了——已經全部蓋完、上好油漆，連窗簾和其他東西都完整無缺。」

「沒錯，這樣一來，要把那幢屋子畫在紙上應該也就不會太難，是不是？」守護天使贊同莫莉的說法：「接著，他也許會做出房屋的模型，最後再把整幢房子蓋出來；而在那幢建築眞正成形以前，它已經出現在他腦中了。同樣的情形也適用在你身上。莫莉，**你是自己人生的建築師。你在腦中構思自己的人生，並將它創造出來，而這一切都是從夢想出發。**」

莫莉想起媽媽的意念世界。媽媽先是想像羅馬和佛羅倫斯的模樣，接著她們果眞訂了義大利的春季旅遊行程。媽媽在意念世界裡創造自己的夢想，而現在它正在成爲現實。

正如媽媽會先想像自己要畫的圖，接著再把它畫在畫布上。媽媽常說：「我清清楚楚地在眼前見到那幅畫。」如果媽媽無法將腦中的畫面分毫不差地畫出來，她就會很沮喪。還好經過一再練習，媽媽已經能畫得越來越好。

莫莉的情況也一樣，旋律還沒唱出來，就已經在她腦中浮現了，她很清楚自己想聽到怎樣的歌聲。也許守護天使的話果眞沒錯？但莫莉心中仍然抱著一絲絲懷疑。

「就算是這樣好了，但我還是不懂。你的意思是說，我們應該勇於夢想並實現它？這聽起來不是很簡單嗎？就這樣？」

「你問我『就這樣』？」守護天使對莫莉的反應似乎有些難以置信：「莫莉，**每一項創造都可說是一個奇蹟；事實上，你每天的所作所爲都是在創造——不管它們看起來有多理所當然。你每分每秒都在創造自己的人生，且必然如此**。你所做和所經歷的一切，都是你創造出來的作品。

「比如說，你想舉起手臂，身體馬上就會啓動無數道程序，讓你能將手臂舉起來。你完全不用思考：想說話就能說，想唱歌就能唱，想丟雪球就能丟。假設你想開燈，只要按下開關，原本黑暗的房間——甚至整座體育場——馬上就會亮起來；『啪』的一聲，就像做一件輕而易舉的小事。**每一分每一秒，你都在創造世界；你所見到的事物，都是你創作的結果**。結果你居然問『就這樣嗎』？你到底還想要怎樣？」

「這樣呀，那很好啊。我現在做的本來就是我該做的。」莫莉有些固執地說，畢竟這樣的答案有點讓她失望。與此同時，她悄悄將一隻手臂舉起又放下，心想：「這樣就是很棒的事？」

「好吧。」守護天使又說：「事情當然不只這樣。你也看到了，基本上這些事都是你不用多加思考就能做的。在你看來，這些事情再理所當然不過，但**關鍵在於『有意識』地去做這些事、意識到自己的創造力，並創造你想要的人生——一種能讓你的心高聲歡唱的生活**。」

「這麼一來，『愛』就會感到欣喜，因爲它樂見自己所珍愛的作品——也就是人類幸福快樂。你也知道，萬事萬物都源自於愛，但在它的所有作品中，只有你們人類能有意識地去創造——你們可以創造自己想要的人生！這是一種非常神聖的天賦，可是你們卻對自己的創造習而不察，彷彿這種神聖力量是天經地義的。這樣一來，不就浪費了你們的潛能嗎？莫莉，你們應該創造出最好的才對！」

14

不論你想要什麼，宇宙都樂於給予

莫莉想了又想。沒錯，她可以形塑自己的生活——至少某種程度上可以，但絕對不是全面掌控。「只要實現自己的夢想就好」這種話聽起來還是太平凡了。但她決定暫時先順著守護天使的思路走，說不定會出現什麼有趣的結論呢。

「可是我該怎麼做呢？照你的說法，我只要想像一件事，那件事就會發生？」

「沒錯。**當你許願想要什麼，宇宙就會給你所有實現這個願望需要的東西**；可是在此之前，你必須清楚地想像自己想要的東西，明確到你能看得見摸得著。**當宇宙清楚知道你想要什麼，它就會給你**，就像阿拉丁神燈那樣。對宇宙來說，你的願望就是一個指令，只是你必須準確表達它，宇宙才知道該給你什麼。」

「嗯～」莫莉依然相當懷疑，畢竟到目前爲止，無論她如何熱切表達自己的願望，宇宙的反應都相當冷漠。

不過她已經思考得夠久了。

「我好渴。」莫莉說：「走，我們去桑提格太太的店買汽水。」一想到汽水，莫莉忍不住口水直流。

「莫莉，這個主意很棒。等一下我就能讓你了解我所說的意思。我們來玩個遊戲吧：不直接告訴桑提格太太你要買汽水，而是先照我的話說，好嗎？」

「好吧。」莫莉答得有點猶豫。守護天使到底又想幹嘛？

這時，他們已經來到小雜貨店前了，莫莉很快走進去，並興高采烈地打招呼：「你好，桑提格太太，我想要……」

莫莉正開心地準備說出「檸檬汽水」，就聽到守護天使小聲耳語：「等一下，你應該照我的話說！」

「啊，對喔。」說到一半的話就這樣卡在莫莉的喉嚨裡。她好渴，渴得差點忘了這個約定。

「你好啊，莫莉。」桑提格太太溫柔地問：「你想買什麼？一塊巧克力嗎？」

「喔，不是。桑提格太太，謝謝你，但我今天不買巧克力，我想買……」莫莉趕緊在心中詢問守護天使：「我該怎麼說才好呢？」

「飲料。」守護天使小聲回答：「說你想要飲料。」

「這麼說不夠清楚吧！」莫莉心想。「這樣桑提格太太怎麼知道我想買什麼？」

桑提格太太滿心期待地望著莫莉，莫莉多想直接說她想買汽水，但她知道守護天使是很堅持的，只好跟著玩這場遊戲。

她乖乖地照說：「飲料。」同時覺得自己有點蠢。她向來很清楚自己要什麼，眞不習慣把話說得這麼含糊。

桑提格太太像平常一樣和藹地說：「我們有很多種飲料喔，莫莉。你想要哪一種？」

「清涼的。」守護天使說。

莫莉照著說：「清涼的。」

桑提格太太有點訝異地看著莫莉。儘管她態度依然和善，但心裡卻想著：「莫莉到底是怎麼回事？這孩子怎麼跟平常不一樣？她臉這麼紅，是不是生病了？不然她怎麼會這麼猶豫不決的？」

不過她對莫莉說的是：「這裡也有很多清涼的飲料：水、果汁、汽水……或者你想要冰紅茶？」

莫莉打了個冷顫，她不喜歡冰紅茶。於是她說：「請給我汽水。」

莫莉對這種遊戲已經厭煩了，但顯然這場遊戲還沒結束，因爲接下來桑提格太太又問：「要檸檬口味，還是橘子口味？」

這次莫莉不再等待守護天使的指示了，她直接回答：「檸檬口味的。」可是這樣還不夠，她還得決定要買小瓶還是大瓶的，加糖還是無糖的。之前她從沒發現，光是簡單買個東西，得提供多少訊息才夠。

最後，她終於數好錢、付完賬，從桑提格太太手中接過大瓶的無糖檸檬汽水，和守護天使離開店裡，到戶外呼吸新鮮空氣。

「這到底是怎麼回事？」莫莉有點生氣。

「這就像你心中懷著某個願望，卻又不太清楚它是什麼；或是你知道自己想要什麼，卻表達得不夠準確一樣。如果你沒辦法具體地說出來，宇宙又怎麼知道它該給你什麼呢？

「如果你走進店裡說：『桑提格太太，我想要某某牌子的檸檬汽水，要大瓶、無糖又冰得透心涼的。』她馬上就能拿出你指定的汽水，不到一分鐘，事情就辦好了。桑提格太太腦中會立刻出現一幅畫面，而你也能馬上買到你想要的大瓶檸檬汽水。可是像剛才，她必須自己拼湊資訊才行。反過來看，假如你不但告訴她你要什麼，還給她看檸檬汽水的圖片，那麼連一秒鐘都不用，她就能知道你要買什麼；既不需要進一步說明，也不會造成任何誤解，而她也不會先問你是不是想要你根本不想喝的冰紅茶。

「宇宙也是這麼運作的。**不論你想要什麼，它都很樂意給你，但你必須表達得一清二楚**，最好能清清楚楚地想像出你的願望，就像是我們給宇宙看一張圖片似的。這樣一來，宇宙就會非常清楚你要什麼，可以依你的願望送給你。」

莫莉忍不住笑了出來，她想起同班同學彼得發生過的糗事。有一年，他希望能獲得一輛玩具吉普車做爲耶誕禮物，可是當時他講話嚴重大舌頭，結果爸媽誤以爲他想要的是積木車。他們雖然很訝異，卻還是送給他一輛積木車。彼得在班上生動地描述，當他滿心歡喜地打開禮物包裝，看到的不是渴望已久的吉普車，而是塑膠積木車時，他有多失望。

「至少還是輛車子！」莫莉忍不住這樣想，並笑了出來。從這一點來看，守護天使說的沒錯。如果彼得事先給爸媽看過照片，就不會發生這種誤會了。

「莫莉，當你在腦中看到你想要的物品模樣時，這個步驟就叫做觀想（visualize），就像是你給宇宙看圖片一樣。如果你不僅能見到，還能切身感受到自己置身於你所期待的情境，並眞正體察到夢想實現時將會如何的話，那是再好不過的了。」

莫莉回想起剛剛的檸檬汽水，以及光是想到檸檬汽水，自己就開始流口水的情形。她能確實感受到清涼解渴的飲料順著咽喉流淌而下。

「莫莉，正是這樣。**當你能眞正有所感受時，情感世界就會變得活躍，並將活力送進你的意念裡；你的意念則會獲得它所需要的材料、變成煙火升空，抵達宇宙那裡。**」

15

人類的自然法則就是實現夢想

莫莉聽得兩眼發亮。她想起那趟深入內在生命的旅程，想起當時她想像自己是個成功的歌手，在舞臺上演出。那種感覺非常美妙。煙火直衝天際，接著飛向更遙遠的地方，經過月亮與星辰，直到再也看不到它們爲止。但她隨即想到，也有一些讓她不舒服的感覺、讓她感到卑微的意念。這些意念缺乏升空的能量，顯然情感無意用能量餵養這些意念。這一點並不讓她意外，誰會想把能量浪費在負面、不想要的事物上呢？

「沒錯，就是這樣。」守護天使贊成她的想法：「煙火繽紛的色彩仰賴情感滋養，生命力也源自於情感。如你所知道的，**流經情感的愛越多，情感就會變得越有活力、越繽紛，也越充滿能量**。如此一來，一切都能擁有充沛的活力，並讓煙火更璀璨耀眼。因此，好意念擁有的力量，要比負面意念多得多的其中一個原因就在這裡。不過，負面意念還是能對你造成極大的阻力。」

「沒錯。」莫莉記得：負面意念有如空氣汙染般在宇宙中遊蕩，恣意壓制美好的意念，所以千萬別餵養負面的意念，只餵養那些我們想要觀……什麼的來著？就是守護天使教她的另一個冷僻詞。

守護天使出手救援了。「莫莉，是觀想。另一個詞叫顯化。」

「呼，今天聽到好多新詞。」莫莉說。

「說法本身其實不太重要，觀想這個說法源自願景（vision），也就是我們所見到的；而顯化源自『manus』，拉丁文的意思是『手』，指的是創造外在的事物。一般的過程是：你看到眼前的某樣東西，於是便擁有了願景，並已在腦中創造出那樣東西。接下來，宇宙便會帶給你所有你需要的，讓你將這個願景轉化成外在的東西。這是一條由內而外的路徑，**外界是你內心世界的鏡像，也就是人類活在這個世界的目的：實現心中的願景！**」

「啊哈，原來是這樣呀！」莫莉想著。她彎下腰，捏了一顆雪球，再把它往學校圍牆上丟。接著再一次，又一次，不斷看著雪球爆開，變成一片白漬印在牆面上，實在太好玩了。現在她有點懂守護天使的意思了：她心中浮現捏雪球的渴望，於是她動手去做。起先雪球只是她腦海中的圖像，也就是「願景」；接著出現在外在世界，也就是「顯化」。今天雖然是星期六，莫莉卻覺得自己彷彿在學校上課，學到了好多新知識！

「親愛的守護天使，你說的這一切都很棒。」莫莉說：「可是應該只有小事才能這麼做吧。比如說，我想跟桑提格太太買檸檬汽水，我也當然買得到；而賣檸檬汽水給我，本來就是她的工作，她當然樂意顧客上門啦。還有，我想捏雪球也是一樣的情形。可是，如果我想做一件大事，或是如果我想要很多錢呢？應該沒那麼容易就得到吧？」

「哈哈……」守護天使笑了起來：「桑提格太太的任務是賣你檸檬汽水，而**宇宙的任務則是給你所有你想要的，無論這個願望有多大**。這是『愛』分派給宇宙的任務。因為當人們實現夢想時，『愛』也能體驗到它自己每一個美好的面向，享受層出不窮的創造，因此它也樂意給你實現夢想所需要的一切。

「莫莉，宇宙一直在向你展示這一點。你只要觀察一下，看看太陽、看看雪，和你周遭的大自然，有了這些富麗豐饒的一切，你怎麼還會覺得宇宙是個小氣鬼呢？它賜你許多雪、大量的陽光，還有空氣供你呼吸，而且要多少給多少。當你唱歌時，你擁有世界上所有的樂音，媽媽則能畫出各種色彩。無論你們認爲自己有多渺小，或覺得自己有多不重要，你們都擁有自己的守護天使。結果你居然以爲宇宙會吝於提供你想要的東西？以爲宇宙會覺得某些願望太大？宇宙能讓暴風橫掃陸地，能讓空氣顫動、海水翻騰，能讓太陽與月亮現身於天空，你卻以爲它力量薄弱，無法實現你的願望？

「不是這樣的，莫莉，**無論你想要什麼，對宇宙來說都是小事一樁；而且剛好相反，宇宙樂見你擁有遠大的夢想**——對它而言，根本沒有『太太』這種事，因爲這樣它才能和你痛快嬉戲，向你證明它無所不能！莫莉，**別對自己的願望設限，反而應該讓它成長茁壯，讓它朝天際綻放**。挑戰宇宙吧！你就會發現，宇宙次次都會回應，因爲它熱愛挑戰，而當人們了解它實際上有多遼闊偉大時，它將感到萬分自豪。

「於是它不斷給予、給予再給予，只爲了向你展示它有多無所不能。宇宙就像一間超級無敵大的糖果店，裡面應有盡有。無論你想從那裡獲得什麼，宇宙都能輕輕鬆鬆地給你，就像桑提格太太輕輕鬆鬆就能給你一瓶檸檬汽水！莫莉，你想從這間店裡拿走什麼就拿什麼，想拿多少就拿多少，隨便你拿！」

16

只要符合所需要的條件，每個願望都能實現！

「嗯！」莫莉一想到世上居然有一間只爲她而存在的超級無敵大糖果店，她的雙眼便閃著光芒；但隨後她的態度馬上變得比較務實：「聽起來好得太不眞實了，因爲實際上並不是每一次都能如願。以我自己來說，我許過的很多願望最後都沒有實現，落空的次數多到連我都數不清。」莫莉嘆了口氣，同時想起不知有多少次，自己向爸媽提出要求卻無法如願——無論她如何乞求，如何哭鬧。

聽完莫莉的話，守護天使哈哈大笑。莫莉不懂這有哪裡好笑，自己不是正在告訴他，他也有弄錯的時候嗎？這一次守護天使絕對會踢到鐵板。

但守護天使可不會這麼快就無話可說。

「莫莉，關於這一點，我們也需要深入觀察一下。就你們人類來說，以智力理解事物是非常重要的。爲了方便人類的智力運作，讓它能將事物分類、進行理解，『愛』要求地球上的事物都遵守一定的自然法則。你知道『自然法則』是什麼嗎？」

莫莉想到，在學校上物理課時，經常會聽到這個說法。雖然她不是完全懂，她還是有些遲疑地回答：「我不是很確定。但我想這是一種類似規定的東西，一種永遠適用，並且不是由人類，而是由大自然建立起來的規定。」

「完全正確。」守護天使顯然相當以莫莉所擁有的知識爲榮。

「自然法則是宇宙的規則。」守護天使接著解釋：「大自然不會混亂失序，一切都有其條理——雖然人類有時會看不到這一點。那些被稱爲科學家的人們，始終努力地研究，試圖理解這些規則，因爲這樣他們才能計算、規畫，並預知事物的結果。

「比如說，你丟出一顆雪球。假如科學家知道雪球的重量、雪球在空中飛行的速度，和你丟擲的角度，他們就能準確算出這顆雪球的落點和它落下時的力道。再舉另一個例子：如果你往上跳，結果會怎樣？」

「我會飛得好遠好遠。」莫莉兩眼發光，但她立刻俏皮地眨眨眼睛，更正自己的說法：「沒有啦，結果我會回到地面——但願我不會摔得太痛。」

話一說完，她便笑嘻嘻地往上一跳，再讓自己背部朝下，摔在軟綿綿的雪地上；接著一個挺身站了起來，再捏幾顆雪球，朝學校圍牆扔過去。

「沒錯，就是這樣。」守護天使笑著表示贊同：「莫莉，你會回到地面上，這就是一種自然法則。接下來，請你想像一下：如果我告訴你，當你往上跳時，有時你會落地，有時不會；當你對著牆壁丟雪球時，它有時會在牆上爆開，有時不會，純粹都是巧合。你覺得如何呢？你應該會覺得我很笨吧？」

「呵，至少我會覺得你有點傻。」莫莉笑著說。

「你說的沒錯。那麼，如果我們說，許願有時會成眞，有時不會，這樣是不是很怪？自然法則到底從哪裡開始不適用？巫術或巧合又是從哪裡開始的？當然沒有這種事！我們許的願就和其他事物一樣，遵循宇宙的法則。**只要符合所需要的條件，每個願望都能實現！**雖然許多人還是不了解這個道理，但這個事實依然不會改變。」

莫莉聽得非常專注。現在她不再覺得無趣，反而以熱切的態度聆聽著，彷彿她在學習如何創造奇蹟！

守護天使接著又說：「當然，無論什麼事都有它的『時機』，因爲它們也必須遵守自然法則。比如說，你非常想在夏天的時候丟雪球——丟雪球的願望固然會實現，卻得等到冬天下雪才有機會。而且就像你知道的，夏天時這裡總是有開滿野花的美麗草地。」

莫莉露出微笑。沒錯，這裡的草地確實非常美麗。

「現在我們看不見草地，因爲草地被白雪覆蓋了；就算沒有雪，你也看不到任何的野花，因爲野花綻放的時機還未到。儘管如此，在我們看不見的地底下，在我們不知道的時候，野花野草已經再次準備好，等溫暖的陽光重回大地時，它們就會破土而出，繽紛綻放。

「如果現在你每天都過來這裡苦等花開，那麼，無論怎麼盼望、怎麼等待，野花都不會出現。也許你會因此喪失信念，不再相信它們會再度綻放，但實際上它們只是在等待屬於自己的時機；一旦時機到來，野花就會盛開。同樣的道理也適用在你身上：你帶著許多正能量，期盼有朝一日能成爲知名歌手，在舞臺上發光發熱。雖然你還沒出名，但不久後，你就收到歌唱課禮券做爲禮物。

「在你成爲偉大歌手的路途上，歌唱課可能是不可或缺的。**如同陽光與水之於野花綻放，萬物都會在適合它們的時機到來。**莫莉，『愛』一直密切關注著這一點，而到頭來，我們可以看到萬事萬物都井井有條，且充滿趣味。」

「原來是這樣呀。」莫莉說：「我想我懂了。我應該清楚地想像自己要什麼，給予這個願望所需要的能量，好讓它升上天際。接著就是相信只要時機到了，我的願望就會實現。是這個意思吧？」

「沒錯，莫莉，完全正確。」

「你說宇宙會賜予我『實現願望所需要的一切』，但這到底是什麼意思？我還是得辛苦努力嗎？我想應該是吧？因爲凡事都不是憑空得來的，就算是你，也不能這麼宣稱吧？」

「喔，是嗎？我不能這麼做嗎？」守護天使用開玩笑的語氣說：「你看，今天充滿驚奇，因爲這就是我要宣稱的。花朵得辛苦努力才能綻放嗎？鳥兒得挑戰自我才會歌唱嗎？雪花得耗費力氣才會飄落嗎？陽光得勞累工作才能照耀嗎？太陽會在黎明時抱怨『我再也不想發光發熱了，我寧可做點不一樣的事』嗎？不會的，太陽和自然界其他事物相同，都依循著它們的自然法則，也都是天經地義且毫不費力的。人類也是大自然的一分子，而人類的自然法則就是實現夢想。在實現夢想的路上，需要採取一些行動，這是毋庸置疑的。

「但一切都應該總是『好玩』的，應該要在輕鬆與喜悅下進行。當你堆雪人卡西米爾時，因爲賣力而兩頰發紅，但這種辛苦帶給你樂趣。你弟弟在踢足球時氣喘吁吁，上氣不接下氣，但他卻感到心滿意足。有時你會因爲走音而感到沮喪，但唱歌依然帶給你無比的喜樂。當你一次次把雪球丟向牆壁時，你必須繃緊手臂的每一條肌肉，好發揮它們最大的能力。你當然可以說這些是『辛苦努力』，但很顯然的，你仍認爲這很有趣……我倒是希望你的手很快就會覺得痠痛，因爲我已經看得有些頭暈了。」

莫莉笑著把另一顆雪球重重砸在牆上。「也許就像嫩芽從泥土中探出頭來、鑽出地表一樣，」莫莉理了理自己的思路，「有點費工夫，但這是自然而然且在不經意間就發生的。」

「完全正確。」守護天使表示同意。「因爲**生命的過程是發展，而**

非爭鬥。當你的行爲讓自己覺得舒服與自然時，你就能和宇宙保持和諧一致。」

「但如果我的願望還是沒有實現怎麼辦？」莫莉問道。「即使我做過超級多次觀想？」她爲自己能輕鬆說出這個艱澀的詞彙感到得意。

「那麼你應該相信，這也是『愛』基於某個充分的理由而想這麼做的——它總是隨時爲你著想。就像你小時候，再怎麼想從穀倉屋頂跳下來，媽媽都會禁止你這麼做一樣——雖然你的願望沒有實現，但這其實是件好事。」

「眞是太好了。」莫莉說。「這個擋箭牌還眞好用：願望總會實現，但即使沒有，也該覺得慶幸。」她笑著。「這就像撲克牌裡的鬼牌。但我敢打賭裡面有什麼陷阱，因爲如果眞的像你說的這麼容易，那麼所有人都會照著做，大家就都能過自己的夢幻人生。」

「莫莉，唯一的陷阱就是你看過的那個，就是那些喜歡阻撓願望的烏雲。那些自我貶低的想法多半會以懷疑的形式出現，也眞的會妨礙你的願望實現，因爲它們不讓願望專心朝著目標飛上天際——就像你在地上玩彈珠時，發現前面突然有顆石頭擋住了路。」

「這就是願望無法實現的原因？」莫莉問。「因爲懷疑？」

「沒錯，**懷疑和自覺卑微的想法往往是無法實現夢想最大的原因**。你認爲，爲什麼有些人能獲得這麼多成就，有些人卻無法？絕大多數情況下，這兩種人最大的不同在於，那些獲得很多成就的人堅信自己的夢想會成眞。一般來說，這些人在成長路上已經得到了不少東西，因此他們認爲『心想事成』是理所當然的。他們對宇宙有更多信任，當他們爲了實現夢想而行動時，也會更輕鬆，因爲懷疑不總是有辦法干擾並拖累他們。

「另一方面，懷疑者常常忘記自己是誰：他們忘記了自己的本質就是萬事萬物的起源，世間的一切都能爲他們所用。『**愛』希望所有人都**

能記得：你們一直擁抱著無盡的富裕和美好。」

「喔，沒錯，懷疑。你是對的。」莫莉低聲說著。「我對懷疑也很熟悉。唱歌時，我偶爾會懷疑自己是否唱對，結果馬上就走音了。」

「就是這樣。但你越是練習，就會唱得越好。你知道爲什麼嗎？因爲你會藉此獲得信心：相信正確的音符會來到你身邊，相信你早就具備所有需要的一切。莫莉，**信心和懷疑是對立的，所以要讓你的夢想充滿喜悅和信念，不要讓它們因懷疑而枯萎。**」

「的確，懷疑眞的會變成干擾，耗盡能量。但我該怎麼做才好？輕易去相信一件事物並不是件容易的事。」

「但它本來應該這麼容易才對。」守護天使嘆了口氣。「但你們從小就被教育不要相信宇宙，誤認爲生活就是競爭——這也可以用一個很難的詞彙來形容，但今天我就先不讓你傷這個腦筋了。總之，我有個好消息要告訴你，莫莉：有一項非常簡單又強大的技巧，卻很少有人知道；就算你不知道自己想要什麼，但只要你希望過著幸福的生活，它就能奏效。我應該告訴你那是什麼嗎？」

「當然！請你告訴我！」莫莉雙眼閃閃發亮。她覺得有個天大的祕密就要揭開。

17

該如何回應宇宙？

守護天使清了清嗓子，顯然有重要的事情要說。

「當你想要一件東西時，你會說什麼？」守護天使問。

「這個嘛，我當然會說『請』啊！」莫莉回答，卻對這個問題感到有些困惑。「就像我剛剛也對你說的，就像我父母從小教我的。萬一我忘了說，哎呀，我就慘了。」她翻了個白眼。

守護天使笑了。「沒錯，這就是大多數孩子的想法，而且說『請』本身就是一種禮節。那麼，當你得到某項東西時，你會怎麼說？」

這些問題讓莫莉覺得自己彷彿回到了幼兒園。她還以爲守護天使會提出其他問題，但她還是乖乖回答：「我會說『謝謝』。」

「沒錯——別擔心，接下來的問題就更難了。你認爲『請』和『謝謝』的差別在哪裡？」

莫莉仔細思考了一下。事前會說「請」，事後會說「謝謝」，但這一定不是守護天使想要的答案。這太簡單了。莫莉開始想像自己向父母請求某些東西，並在得到後感謝他們的情境，就像歌唱課一樣。她曾好幾次希望父母能讓她去學唱歌，她會在他們面前連聲說「請」，有時還會合掌放在胸前、做出拜託的樣子，眉頭也皺成一團。那眞的會讓莫莉覺得很緊繃，除了會感到非常絕望，實際上她也不相信父母眞的會實現她的願望。但後來，當媽媽突然給她歌唱課做爲禮物時，她內心整個舒展開了，臉上洋溢著笑容，同時也對媽媽表達深刻的謝意。

「哈，我想我知道了。」莫莉說。「當我說『請』時，我仍心存懷疑。我不知道自己是否眞的會得到我想要的，覺得很沒把握。但當我說『謝謝』的時候，我已經得到自己想要的東西了。所有的疑慮全部消失，有種莫大的喜悅湧上心頭，甚至會高興得跳起舞來。」說著，她輕盈地轉了幾圈。

「沒錯，莫莉。」守護天使說，莫莉幾乎能聽到他聲音中的喜悅。

「感恩和懷疑是互斥的。當你在內心創造感恩的狀態時，你就會因喜悅

和信念而顫抖。這是你所能體驗到最強大，卻也最自然的狀態。這時宇宙會做什麼呢？它會送你更多能讓你充滿感謝之情的禮物，而且越送越多；連你原本沒想到、但能讓你心懷感恩的事，它也都會送給你。因爲還有另一項法則，莫莉，那就是『物以類聚』。**散發感謝之情，就會讓你擁有更多値得感恩的事物**。」

莫莉點點頭，眼睛睜得大大的。她以前從沒用這種觀點看待過事物。但她現在該怎麼辦？「我應該把『謝謝』掛在嘴邊，而不是『請』嗎？」她有些不確定。「這聽起來有點奇怪，不是嗎？」

「沒錯。」守護天使笑著說。「但現在我們知道，重要的是你的內心生活，而不是外部世界——它只是你內心的反映。所以你可以常懷感恩心情，這是因爲當你想像某樣東西的時候，你已經創造了它。你可以看到它在你面前，可以感受到它觸摸起來的感覺，有些時候你甚至幾乎可以聞到和嘗到它。你還有什麼需要追求的呢？接下來，只要把它複製到外在世界就可以了，而這根本是輕而易舉的小事。

「在你的內心，也就是眞正力量的所在之處，它早就出現了！這意味著你可以放心地**感謝願望成眞，如此一來，就能奪走懷疑的力量**。剛開始的時候，如果你覺得感謝目前只在自己內心形成的事物好像不太自然，你可以外界的小事開始：

「感謝今天的雪和陽光，有了它們，你才能在外頭跑來跑去堆雪球，並享用檸檬汽水……諸如此類的。如果你不知道該想些什麼，就**想想所有你能感謝的一切事物**。**這是消除所有疑慮，並吸引更多好事進入生命的最佳方法**。接著，你人生的道路就會在你面前展開。」

「那麼，守護天使，我的道路是什麼？」

「當然是你的『心』要走的道路。無論你內心深處想要什麼，**越活在感恩的能量中，內心的渴望就會越清楚**，不僅會更明確地表露出來，還能進一步——這裡要再次用到這個詞——顯化。所以，只要懷著感恩之情敞開心扉，你很快就不會再感到迷惘了，你的道路自然會在你面前一步一步地展開。」

「我想成爲一名歌手。」莫莉凝視著遠方說。

「那麼就別讓懷疑阻止你走上這條路，並感謝每一個讓你開口唱歌的機會；現在你甚至可以感謝學校，因爲如果你沒有在那裡學會閱讀，你就看不懂歌詞。感謝上天賦予你的才能——順便說一句，每個人都有天賦，但許多人根本不知道自己的是什麼。它通常是能爲你帶來最大快樂的事情。你這麼早就能認出自己的天賦，眞的很棒。」

「這是另一個值得感恩的理由。」莫莉微笑著自言自語。

現在她明白了：**如果愛是我們的本性，是萬物之源，那麼我們所有人也將變得無限富裕。我們只需要從這些財富中汲取，並把它帶到世界上就好了。**

就這樣，在覆蓋了白雪的草地上，莫莉開始唱起歌，這首歌在她心中升起、成形，然後以清晰、明亮的聲調迸發出來——除了讓她自己開心，也帶給每個聽到的靈魂喜悅。

國家圖書館出版品預行編目資料

莫莉的心靈探索之旅：看見自己內在的寶藏，世界就此改變了！／安娜．卡蜜拉．庫普卡（Anna Camilla Kupka）著，賴雅靜 譯
-- 初版 -- 臺北市：究竟，2023.02
160 面；14.8×20.8公分 --（第一本：116）
譯自：Mollys wundersame Reise
譯自：Molly verzaubert ihre Welt
譯自：Molly, Architektin des Lebens
ISBN 978-986-137-394-2（平裝）
1.CST：靈修　2.CST：身心關係
192.1　111020935

Eurasian Publishing Group
圓神出版事業機構
用心與你對話．視野無限寬廣
究竟出版社
Athena Press

www.booklife.com.tw　reader@mail.eurasian.com.tw

第一本 116

莫莉的心靈探索之旅：看見自己內在的寶藏，世界就此改變了！

作　　者／安娜．卡蜜拉．庫普卡（Anna Camilla Kupka）
譯　　者／賴雅靜
發 行 人／簡志忠
出 版 者／究竟出版社股份有限公司
地　　址／臺北市南京東路四段50號6樓之1
電　　話／（02）2579-6600．2579-8800．2570-3939
傳　　真／（02）2579-0338．2577-3220．2570-3636
副 社 長／陳秋月
副總編輯／賴良珠
責任編輯／林雅萩
校　　對／林雅萩．徐彩嫦
美術編輯／林韋伶
行銷企畫／陳禹伶．鄭曉薇
印務統籌／劉鳳剛．高榮祥
監　　印／高榮祥
排　　版／莊寶鈴
經 銷 商／叩應股份有限公司
郵撥帳號／18707239
法律顧問／圓神出版事業機構法律顧問　蕭雄淋律師
印　　刷／祥峰印刷廠
2023年2月　初版

定價 300 元　ISBN 978-986-137-394-2